Johanna
Grünhagen

Sind Sie stolz, Deutsche zu sein?

Ein neues Bild für ein
entspanntes Miteinander
der Kulturen

Sind Sie stolz, Deutsche zu sein?

Ein neues Bild für ein entspanntes Miteinander der Kulturen

Impressum

Johanna Grünhagen
Schwalbenplatz 19
22307 Hamburg

www.kulturkonsens.de
mail@kulturkonsens.de

Erste Auflage 2023
Autorin: Johanna Grünhagen
Lektorat: Isabelle Romann
Umschlaggestaltung: Désirée Lothmann
Layout und Satz: Désirée Lothmann
Illustrationen/Abbildungen: Nina Schumann
Bildnachweise: 123RF
Autorinnenbild: Thomas Müller
ISBN: 978-9-403-70592-7

Für uns.
Alle.

Inhalt

Vor der Reise

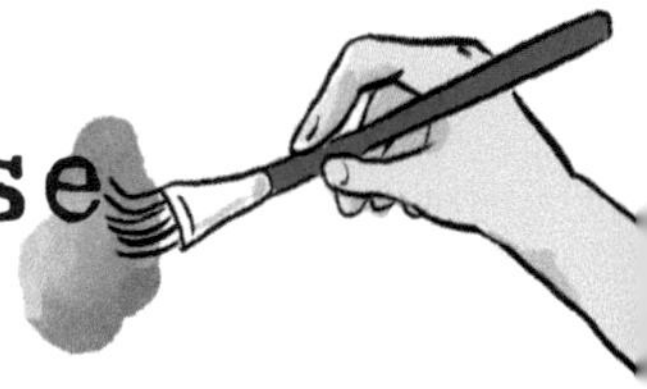

Ich möchte Sie einladen, mit mir ein neues, positives Bild von unserem Land zu malen. Ein Land, das seine Vielfalt als Bereicherung erkennt und in neuen Farben erstrahlt.

Damit wir dieses Bild entstehen lassen können, machen wir eine gemeinsame Reise.

Ich liebe es zu reisen. Deshalb habe ich das Motiv der Reise auch für dieses Buch gewählt.

Das war allerdings nicht immer so. Als Kind fuhren meine Eltern jedes Jahr mit mir an denselben Ort in Österreich, der zwar ganz schön, aber auch etwas langweilig war. Neben dem Wandern gab es keine wirklichen Aktivitäten, und Wandern hat mich schon als Kind, sagen wir mal, wenig begeistert. Zumal ich als Einzige aus der Kindergruppe Bluse und Kniebundhosen mit fürchterlich kratzigen, knallroten Kniestrümpfen tragen musste, und das war als Outfit schon damals, Ende der 1980er-Jahre, völlig indiskutabel. Abends „durfte“

ich dann oft noch in ein Dirndl schlüpfen und Geige vorspielen. Ich erspare Ihnen weitere Details, Sie sehen auf jeden Fall: Urlaub war zu der Zeit kein wirkliches Vergnügen.

Mit 21 Jahren reiste ich dann das erste Mal richtig weit weg – nach Guatemala. Es kam mir gar nicht so weit vor. Mir war nicht bewusst, was für eine lange Reise das eigentlich ist, fast ans andere Ende der Welt. Ich habe es einfach nur geliebt, so weit von zu Hause weg zu sein, ganz viel Raum zwischen mich und meine schrecklichen Erlebnisse zu bringen, die kurz zuvor den größten Schmerz meines Lebens ausgelöst hatten.

Die Mutter meines damaligen Freundes hatte mich über ihre Kontakte sozusagen nach Guatemala vermittelt, und ich lernte ein Leben kennen, das wärmer, chaotischer, aber auch freier war als mein bisheriges geregeltes, enges in Deutschland.

Weite Reisen zu unternehmen, das verband mich dann auch mit meinem ersten Mann, und unser Sohn lernte bereits mit zwei Jahren Jamaika und die Dominikanische Republik auf abenteuerliche Weise kennen. Solche Reisen würde ich heute mit einem Kleinkind nie wieder machen, aber ich bin trotzdem froh, dass wir es damals getan haben. Unser Sohn sagt jedenfalls, dass er uns für diese Erfahrungen sehr dankbar sei …

Für mich war es allerdings auch immer sehr herausfordernd, denn Urlaub bzw. Reisen bedeutete damals eigentlich auch immer, sehr lange, sehr anstrengende Strecken zurückzulegen und dabei nicht selten in Lebensgefahr zu geraten. Das lag teilweise an altersschwachen Verkehrsmitteln oder daran, dass die jeweiligen Fahrer, Piloten oder Kapitäne sehr risikofreudig waren, um möglichst schnell, d. h. ökonomisch rentabel, am Ziel anzukommen.

Man sagt ja immer, in südlichen Ländern seien die Menschen entspannter. Alles wäre „tranquilo", also ruhig und gemächlich. Das stimmt – bis auf den Verkehr. Ich bin selten so gehetzt worden wie in Mittelamerika, denn:

Zeit ist Geld[1] – Je eher man sein Ziel (mit zahlenden Passagieren) erreicht, desto eher kann man (mit *neuen* zahlenden Passagieren) wieder losfahren!

Im Machismo-Paradies bedeutet *rasen*, dass man als echter Mann weder Tod noch Teufel fürchtet, und als Sicherheit fährt ja auch immer entweder ein Aufkleber der Jungfrau Maria oder ein „Gott beschützt mich!"-Schild mit. Da kann quasi nichts schiefgehen.

Ich erinnere mich an eine besonders heikle Überfahrt mit einem Schiff in der Dominikanischen Republik. Kurz nachdem wir abgelegt hatten, machte es einen Ruck und ein dumpfes „Klonk!". Der Kapitän hielt kurz an, beriet sich mit zwei bis drei anderen Männern, und dann ging die Reise weiter. Ich saß mit unseren großen Rucksäcken im Bauch des relativ kleinen Schiffes, nahe am Motor, und beobachtete fasziniert, wie beständig Wasser in Form von Sprühnebel in den Maschinenraum

1 Eigentlich DER zentrale, *deutsche* Kulturstandard, aber er findet sich auch (aber nicht nur) in Mittelamerika wieder.

eintrat. Mein Mann war mit unserem Sohn an Deck und zeigte ihm die Aussicht.

Ich ahnte schon, dass etwas mit dem Weg des Wassers nicht stimmen konnte, aber wirkliche Sorgen machte ich mir erst, als das Schiff auf der linken Seite weiter ins Wasser schaukelte als auf der rechten. Dann wurden wir alle aufgefordert, uns auf die rechte Seite zu setzen, um das Ungleichgewicht auszugleichen, und da wusste ich: Das „Klonk" am Anfang unserer Reise hatte offenbar ein Loch in die Bootswand gerissen, aber da Zeit ja Geld ist, hatte der Kapitän beschlossen, dass wir die Überfahrt schon noch überstehen würden.

Ich begann, die Schwimmflügel für unseren Sohn aufzupusten.

Wir haben es dann tatsächlich ganz knapp geschafft, auf der anderen Seite anzulanden, allerdings fehlten nur Zentimeter, bis das Boot untergegangen wäre. Ich war, als wir anlandeten, also mit den Rucksäcken zwischen ganz vielen anderen Menschen eingekeilt, die selbstverständlich alle möglichst schnell das sinkende Schiff verlassen wollten. Mein Mann, den ich aus den Augen verloren hatte, kam dann und rief mir zu, dass ich doch jetzt lieber mal auch von Bord kommen solle, das Schiff würde wohl gleich sinken. Ach was! „Können vor Lachen", rief ich zurück, schaffte es mit seiner Hilfe aber dann doch, die beiden schweren Rucksäcke und mich von Bord zu hieven.

Auf dem Steg fiel mir auf, dass unser Sohn weg war. Auf meine Nachfrage sagte mein Mann – die Ruhe selbst –, er habe ihn, als wir anlandeten, von Bord zu jemandem am Pier „in Sicherheit geworfen", auch um beim Aussteigen der Passagiere helfen und mich im Auge behalten zu können. Da stand der arme Mensch dann auch, sichtlich nervös mit unserem schreienden Kind auf dem Arm.

Mein Mann hätte gern noch dabei zugesehen, wie das Schiff sank, aber ich war bedient und wollte so schnell wie möglich weg von dieser schrecklichen Erfahrung. Es sollte allerdings noch dauern, bis wir uns irgendwo ausruhen konnten, denn der Kleinbus, mit dem wie weiterfuhren, brach auf halber Strecke zusammen, und erst als ein anderer Bus vorbeikam, konnten wir uns dazuquetschen und weiterreisen.

Wir haben viele solcher Reisen unternommen, und danach brauchte ich eigentlich immer Urlaub.

Mit meinem jetzigen Partner reise ich quasi wie auf einem flauschigen, fliegenden Teppich. Es ist ein entspanntes Dahingleiten, ein Genuss mit allen Sinnen, Zeit, den Moment zu genießen, in andere Kulturen einzutauchen und es sich dabei gut gehen zu lassen. Mittlerweile habe ich keine Befürchtungen mehr, wie anstrengend der Urlaub werden wird und in welche Lebensgefahr ich kommen werde, sondern ich freue mich auf meinen Urlaub und das Reisen. So, wie es sein sollte.

***

Sie werden in diesem Buch eine sehr ähnliche Erfahrung machen. Wir werden zusammen in die Vergangenheit, Gegenwart und in die Zukunft reisen. Auf dem Weg zu dem neuen Bild von uns selbst erwarten Sie zusätzlich ein paar sehr interessante Exkursionen, und wir werden an einem wunderbar entspannten Ort ankommen.

Ich will Ihnen aber nicht verschweigen, dass unsere Reise besonders am Anfang auch anstrengend und intensiv wird. Ich nehme Sie mit in meine Vergangenheit, in der viel Schwere lag und die letztendlich ein Erbe der schrecklichen Zeit des Nationalsozialismus war.

Ich verspreche Ihnen jedoch, dass es leichter wird, wenn wir in der Gegenwart ankommen und uns für die Zukunft bereit machen. *Ent*-spannt bedeutet für mich, dass wir uns selbst *ent*-spannen, uns ohne Spannungen begegnen bzw. Spannungen zwischen uns lösen können.

Und jetzt: Packen Sie Ihre Koffer und kommen Sie mit auf die Reise zu dem neuen, schönen Bild von uns und unserem Deutschland.

1. Reisestart

Reisewarnung

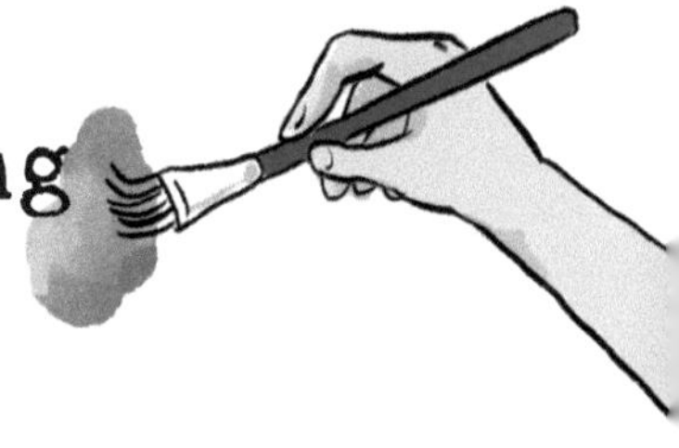

Ich benutze in diesem Buch Begriffe, die nicht eindeutig sind. Das fängt bei den nationalen Kategorien, z. B. die Deutschen, die Türk*innen usw., an und geht mit „Kultur“, „Religion“ und „Nation“ weiter.

Diese teilweise vereinfachten Begriffe verwende ich trotzdem, damit Sie mein Buch leichter verstehen können. Wenn ich z. B. immer wieder darauf hinweise, dass natürlich nicht *alle* Deutschen oder Türk*innen wie auch immer sind oder Kultur nicht unbedingt dasselbe ist wie Nation oder Religion, dann hat die eigentliche Botschaft keinen Platz. Alle wichtigen Begriffe erkläre ich aber ausführlich in Kapitel 5. Außerdem habe ich mich entschieden, zu gendern und diskriminierungsfreie Sprache[2] zu benutzen, weil ich an die Macht der

2 Diskriminierungsfrei oder nicht rassistisch bedeutet, dass „schwarz“ und „weiß“ im Zusammenhang mit der Beschreibung von Menschen nicht einfach Hautfarben sind, sondern ungleiche gesellschaftliche Machtpositionen widerspiegeln. Um diesem Umstand gerecht zu werden, wird in der diskriminierungsfreien Schrift „Schwarz“ groß geschrieben und „*weiß*“ kursiv. Das erscheint erst einmal befremdlich – es ging mir genauso –, aber das ist →

Worte glaube und niemanden ausschließen oder verletzen möchte. Gleichzeitig haben meine Lektorin und ich aber genauso alles dafür getan, dass Ihr Lesefluss möglichst ungestört bleibt.

Ich möchte Sie auch vorab warnen, dass Reisen nicht immer nur vergnüglich ist. Sie werden mit mir an dunkle Orte reisen, aber natürlich ebenso an helle und schöne. Bitte beachten Sie, dass ich in diesem Buch *meine* Sicht der Dinge darstelle und sie selbstverständlich anderer Meinung sein können. Es können auch Menschen, mit denen Sie über dieses Thema sprechen anderer Meinung sein, weil sie z. B. eine völlig andere Lebenserfahrung haben. Das ist in Ordnung, und wir müssen das aushalten, wenn wir zusammen reisen wollen, und das sollten wir ja auf jeden Fall!

So viel vorab, jetzt möchte ich mich Ihnen erst einmal vorstellen.

1.1 Ihre Reiseleiterin: Wer ich bin und warum ich dieses Buch geschrieben habe

Hätte man mir vor nicht allzu langer Zeit gesagt, dass ich meinen Beruf gewählt habe, um im Auftrag meiner Mutter die Schuld meiner Großeltern im Nationalsozialismus wiedergutzumachen, hätte ich gefragt:

Geht's auch 'ne Nummer kleiner?

***

---

bei neuen Dingen ja oft so, und wenn Sie weiterlesen und reisen, wird dieser Umgang für Sie bestimmt nachvollziehbarer.

Ich bin Diplom-Pädagogin und habe mich 2009 selbstständig gemacht als Dozentin für interkulturelle Kompetenz. Meine Arbeit als Dozentin ist es, zwischen Menschen aus unterschiedlichen Kulturen zu vermitteln, kulturelle Besonderheiten zu erläutern, Konflikte zu lösen, ihnen vorzubeugen und das Bewusstsein für Diskriminierungen zu wecken.

Das mache ich für unterschiedliche Berufsgruppen, aber hauptsächlich arbeite ich mit ein- und mehrheimischen[3] Pflegekräften in Deutschland.

Mir ist es wichtig, dass Gleichberechtigung und Frieden in der Gesellschaft tatsächlich gelebt werden und keine Worthülsen bleiben. Dies besonders an Orten wie Krankenhäusern oder Pflegeheimen, wo Menschen auf Hilfe angewiesen sind.

Schon immer war ich sehr wütend, wenn es irgendwo ungerecht zuging, und ich fühlte das Leid anderer Menschen, als wenn es mein eigenes wäre.

Lange Zeit habe ich mich dadurch auch immer wieder sehr belastet und deprimiert gefühlt, war oft krank und konnte meine Lebensfreude – die ich eigentlich habe – nie richtig ausleben.

---

3 Mehrheimisch: im Gegensatz zu einheimisch, Menschen, die mehr als eine Heimat haben, z.B. in Deutschland geborene Deutschtürk*innen oder Afrodeutsche oder Menschen, die nach Deutschland migriert sind. Oder auch, wenn Sie so wollen, Sie, liebe Leser*in, wenn Sie in einem anderen Land oder einer anderen Stadt gewohnt und deshalb eine zweite Heimat haben.

Mir war so, als ob ich angesichts der Probleme der Welt nicht das Recht hätte, glücklich und zufrieden zu sein, außer wenn ich mit der Hilfe für andere Menschen beschäftigt war. Diese merkwürdige Einstellung zu meinem Leben habe ich lange nicht infrage gestellt, und erst mit zunehmendem Alter wurde mir bewusst, dass ich – wie wir alle natürlich – lediglich das Ergebnis meiner Erfahrungen als Kind lebte.

Also machte ich mich zunächst auf die Reise in meine Vergangenheit, um meine Gegenwart und Zukunft zufrieden und glücklich leben zu können. Dabei fügten sich alle Puzzleteile zusammen, die nicht nur meine emotionale Belastung erklärten, sondern auch zu der Idee zu diesem Buch führten.

Mein Weg bis hier

Im Frühjahr 1990, als ich dreizehn Jahre alt war, wurde meine Mutter wegen einer Venenverdickung im Gehirn operiert. Sie hatte aufgrund dieser Verdickung immer wieder Schwindel, Sehstörungen und Kopfschmerzen. Ich erinnere mich, dass sie große Angst vor dem Eingriff hatte, aber auch große Hoffnungen, dass es ihr danach besser ginge.

Aber es kam alles schlimmer, als wir es uns je hätten vorstellen können.

Durch den Eingriff im Gehirn wurden nicht nur die körperlichen Symptome noch schlimmer als vorher. Meine Mutter erkrankte zusätzlich psychisch so schwer, dass unser gewohntes Zusammenleben nicht mehr möglich war und unsere Familie zerbrach.

***

Von außen betrachtet hatten wir bis zu diesem einschneidenden Ereignis ein sehr harmonisches Familienleben. Meine Mutter war Musikerin und organisierte dauernd aufwendige Feste und Familientreffen. Ich sehe immer noch meinen Vater, wie er jedes Wochenende gut gelaunt unzählige Musikinstrumente, Beleuchtung und sonstige Requisiten durch die Gegend schleppte. Für mich war das als Einzelkind wunderschön, denn ich hatte zu diesen Anlässen meine Cousinen und viele andere Kinder um mich herum und viel Spaß dabei!

Allerdings musste ich bei diesen Veranstaltungen immer etwas vorspielen, vorsingen, vortanzen oder vorführen. Das war für meine Mutter absolut kein Spaß, und meine Darbietungen wurden vorher strengstens eingeübt und danach genauso streng bewertet. Daher waren solche Treffen für mich auch immer sehr anstrengend.

Meine Kindheit: Eine Vorbereitung auf die Musikkarriere

Meine Mutter hatte zusammen mit meiner sehr dominanten Großmutter eine ganz klare Vorstellung von meinem Werdegang:

Ich sollte nach meinem äußerst erfolgreichen Musikstudium nicht nur in ihre Fußstapfen treten, sondern die Karriere machen, die ihnen selbst dann doch nicht so gelungen war wie erhofft. Ich vermute, so etwas wie die erste Geige in einem philharmonischen Staatsorchester hätten die beiden als angemessen empfunden. Bei diesen ziemlich überkandidelten Plänen war eine gute Portion Standesdünkel und eine gnadenlose Blindheit gegenüber meinem tatsächlichen musikalischen Talent dabei. Ich sehe mich auf alten Videos zwar leidlich gut, aber sehr unmotiviert Geige spielen. Doch je unmotivierter ich war, desto mehr Druck übten meine Mutter und Großmutter aus. Ein typischer Teufelskreis.

Nur wenn ich mit meinem Vater allein war, konnte ich mich entspannen, denn er stellte keine Ansprüche an mich. Er wollte einfach, dass ich glücklich war. Er war allerdings auch nicht in der Lage, mich vor den überzogenen Ansprüchen von Mutter und Großmutter zu beschützen.

Meine Erziehung war also komplett auf den Plan des Musikstudiums ausgerichtet. Deshalb lernte ich neben der allgemeinen musikalischen Früherziehung mit vier Jahren Flöte, mit sechs Jahren Klavier und mit acht Jahren Geige. Mit dieser Instrumentenauswahl sollten die bestmöglichen Voraussetzungen für ein Musikstudium erfüllt werden.

Jeden Tag übte meine Mutter mit mir eine Stunde Klavier und eine Stunde Geige. Das Einzige, was ich entscheiden durfte, war die Reihenfolge, was mir fast schon zynisch vorkam, denn es war – vorsichtig formuliert – schrecklich.

Die eigene Mutter mit hochanspruchsvollen Karriereplänen auch noch als Lehrerin zu haben, konnte als Projekt eigentlich nur scheitern, was dann später auch geschah.

Moralisch hatte ich ebenfalls einen klaren Auftrag von meiner Mutter:

Ich musste immer „die Schwächeren", z. B. kranke, alte und einsame Menschen oder Mobbingopfer, beschützen, für sie sorgen oder lautstark für sie Partei ergreifen. Dabei durfte ich mir selbst natürlich auch kein moralisches Fehlverhalten zuschulden kommen lassen.

Meine Welt war bis zu meinem 13. Lebensjahr insgesamt von extremer Kontrolle, Ge- und Verboten sowie enormem Leistungsdruck geprägt.

Ich war oft traurig und fühlte mich leer. Unbeschwertheit kannte ich nur in sehr seltenen Momenten und dann auch meist nur unter Gleichaltrigen, denn für meine Mutter war ich nie gut genug, nie ausreichend. Ich bekam auch nie Geschenke oder sonstige Belohnungen für meine Leistung. Es war selbstverständlich, dass ich leistete, und es gab immer etwas zu verbessern und neu zu lernen auf meinem Weg zur Berufsmusikerin mit glänzender Karriere und moralisch einwandfreiem Verhalten.

Ich habe mich daher auch immer schuldig gefühlt, weil ich diesen überhöhten Anspruch natürlich nie erfüllen konnte.

Musik, Leistung, Moral und Schuld – diese vier, für mich apokalyptischen Reiter haben mich als Kind dauerhaft begleitet.

Das alles bedeutet nicht, dass ich nicht geliebt wurde. Ich hatte auch schöne Momente, in denen sich meine Mutter mir vollständig widmete. Außerdem wurde ich immer gut versorgt. Besonders meine Großmutter leistete viel, als ich die ersten zwei Lebensjahre bei ihr lebte, da meine Mutter bereits nach der Geburt an einer schweren Depression erkrankt war.

Humor war in unserer Familie durchaus sehr wichtig, und alle konnten viel Spaß miteinander und viel Freude an Situationskomik haben. Für dieses Erbe bin ich sehr dankbar, aber die zwanghafte Erziehung meiner Mutter und meiner Großmutter nach ihren übersteigerten Idealen hat diese Liebe und diesen Spaß für mich fast vollständig überdeckt. Als Kind habe ich sie nur teilweise wahrnehmen und genießen können.

Es dauerte sehr lange, bis ich verstand, *dass* und – vor allen Dingen – *warum* diese völlig überdimensionierten Ansprüche an mich gestellt worden waren.

Wenn Sie mich und den Grund für dieses Buch verstehen möchten, dann muss ich Sie jetzt noch einmal in meine dunkelste Zeit und an meinen dunkelsten Ort in der Vergangenheit mitnehmen.

Die Operation meiner Mutter und ihre grausamen Folgen

Nach der Gehirnoperation meiner Mutter war nun mein zwar anstrengendes, aber auch sicher geregeltes und geschütztes Leben plötzlich vorbei.

Meine Mutter sagte, dass sie meinen Vater und mich nicht mehr in ihrer Nähe ertragen könne, und so verließ zuerst mein Vater unser Haus, und wenig später setzte meine Mutter mich in ein Taxi zu meiner Großmutter.

Diese Zeit habe ich in einer Art Schockstarre erlebt und kann mich kaum an meine Gefühle erinnern, die dieser „Verstoß" seitens meiner Mutter mit sich gebracht haben muss.

Bei meiner Großmutter wohnte ich nur kurz, da sie, fast 80 Jahre alt, mit einem traumatisierten Kind in der Pubertät überfordert war. Mehr noch, sie lud ihre eigene Trauer und Verzweiflung über die Situation komplett auf mir ab. Nie kam ihr in den Sinn, dass ich keine Freundin war – der sie selbstverständlich von ihrer Trauer hätte erzählen dürfen –, sondern ein Kind, das gerade seine Mutter und sein Zuhause verloren hatte.

Daher flüchtete ich aus dieser wiederum sehr belastenden Situation recht schnell und lebte die folgenden vier Jahre bei Verwandten und Freunden an unterschiedlichen Orten, weil sich niemand in meiner Verwandtschaft über einen längeren Zeitraum wirklich um mich kümmern konnte oder wollte. Ich fühlte mich haltlos, ungewollt und wieder: schuldig.

Denn offenbar war ich ja so schlimm, dass niemand etwas mit mir zu tun haben wollte.

Besonders von meinem Vater fühlte ich mich in dieser Zeit im Stich gelassen. Rückblickend hätte er sich eine Wohnung nehmen und mich zu sich holen müssen. Aber er hatte nie ein Mitspracherecht in der Erziehung gehabt und auch keine Ansprüche erhoben. Er hatte alle Verantwortung für mich meiner Mutter und Großmutter überlassen, und so konnte er offenbar auch jetzt nicht plötzlich eine Rolle ergreifen, die er zuvor nie ausgefüllt hatte.

Meine Mutter und ich hatten in dieser Zeit nur sporadisch, höchstens alle paar Wochen Kontakt, der für mich immer sehr belastend war. Sie war weder äußerlich noch innerlich mehr der Mensch, den ich kannte.

Ihre dunkelbraunen, längeren Haare hatte sie für die Gehirnoperation abrasieren müssen und sie danach auch nicht wieder wachsen oder färben lassen. Schon im Krankenhaus, als ich sie das erste Mal wiedersah, erinnere ich mich an den Schock, den das Bild mit diesen weißen, kurz rasierten Haaren bei mir auslöste. Sie sah aus wie eine Strafgefangene.

Zusätzlich war ihre linke Gesichtshälfte gelähmt, und sie hatte enorme Schwierigkeiten, beim Gehen und Stehen das Gleichgewicht zu halten. Es war unerträglich für mich, sie so zu sehen. Ich hatte Angst vor ihr, aber sie tat mir auch unendlich leid. Es war ein furchtbares Gefühl, dass ich ihr nicht helfen konnte, dass niemand ihr helfen konnte. Meine hübsche Mutter war gegangen und völlig entstellt zurückgekommen.

Dabei hatte sie sich so darauf gefreut, nach der Operation endlich ein befreites Leben ohne gesundheitliche Einschränkungen zu führen.

Meine Mutter stirbt

Im Januar 1998, knapp acht Jahre nach der Operation meiner Mutter, als ich 21 Jahre alt war, kam ein Anruf von einer Nachbarin. Sie hätte meine Mutter schon eine ganze Weile nicht mehr gesehen. Ich fuhr daraufhin mit meiner Tante zu unserem Haus.

Wir klingelten, doch meine Mutter öffnete nicht. Das Haus war eine Doppelhaushälfte mit Flachdach, auf das man einfach über die Fenster des ersten Stocks gelangen konnte. Also klingelten wir bei den Nachbar*innen, und sie erlaubten mir, auf das Dach zu steigen.

Das tat ich, blickte durch das Schlafzimmerfenster und sah meine Mutter. Tot.

Ich sehe mich selbst zutiefst schockiert von diesem Bild rückwärts wegtaumeln, unfähig etwas zu sagen, nur abgehackte Laute hervorstoßend.

Meine Tante bugsierte mich dann wieder in die Haushälfte der Nachbar*innen, die die Polizei informierten. Drei Beamte kamen, um unsere Aussagen aufzunehmen und den Leichentransport zu organisieren. Während einer von ihnen mit mir sprach, sah ich, wie die beiden anderen im Hintergrund über irgendetwas lachten.

Die Obduktion ergab, dass meine Mutter anscheinend bewusst auf die Aufnahme von Nahrung und Flüssigkeit verzichtet hatte.

Ich kämpfte lange mit diesem grauenhaften Bild von meiner Mutter, und ich habe immer wieder versucht zu verstehen, wie es dazu kommen konnte.

Sie hatte sich ins Bett gelegt und beschlossen zu sterben. Warum?

„Flagge zeigen für das Gute" – Wiedergutmachung für den Holocaust?

Als ich nach dem Tod meiner Mutter das erste Mal mit großen Beklemmungen wieder unser Haus betrat, war das Erste, was mir ins Auge fiel, ein Schreibblock. Er lag als einziger Gegenstand auf dem Esstisch gleich neben dem Eingangsbereich. Ich erkannte die wunderschöne Handschrift meiner Mutter und das Datum am oberen Rand: 23. Juni – mein Geburtstag.

Ich weiß nicht mehr, ob und welches Jahr dort notiert war. Ich hatte nur verstanden, dass der Block für mich gedacht war, und ich packte ihn, erst mal ohne zu lesen, ein.

Ich ging weiter durch das Haus und sah, dass meine Mutter vor ihrem Tod alles auf sorgfältigste Art aufgeräumt und sortiert hatte. Ich hatte das Gefühl, dass wirklich jede Sache an einem Platz lag, den sie wohlüberlegt ausgesucht hatte. Es schien alles geplant gewesen zu sein, und sie musste Wochen dafür gebraucht haben. Nichts deutete auf eine Form der Verwahrlosung hin oder auf einen spontanen Entschluss, das eigene Leben zu beenden.

Später zu Hause nahm ich den Schreibblock und erwartete, so etwas wie eine persönliche Botschaft an mich zu lesen. Aber statt eines Briefs an mich mit erklärenden, vielleicht liebevollen Worten zum Abschied fand ich mich plötzlich in ihrem Tagebuch wieder. Ich fiel kopfüber in ihre verstörende, beängstigende Welt. Eine Welt, die die Gedanken und Gefühle eines Menschen in einer extremen Psychose beschrieb.

Meine Mutter hatte akribisch jeden einzelnen Tag ihrer acht Jahre dauernden Einsamkeit Buch geführt. Ungefähr zehn große Ordner sollte ich später in einer Truhe finden, die alle exakt die gleiche Abfolge von Einträgen hatten. Ihr Tagesablauf war in dieser ganzen Zeit immer gleich und genauestens strukturiert gewesen.

Nichts Schönes, Leichtes war hier zu lesen. Es ging um Schuld, Buße und Bestrafung. Nur von kurzen Pausen der Erleichterung unterbrochen.

Und dann stieß ich auf einen Eintrag, der mich zunächst völlig ratlos machte:

In ihrem Tagesablauf kam immer zu einer bestimmten Abendstunde eine feste Gesprächsrunde zusammen. Ich habe die Namen der erwähnten Personen damals recherchiert: Es waren alles Politiker im Nationalsozialismus.

Sie hatte also acht Jahre lang jeden Abend imaginär mit Menschen gesprochen und diskutiert, die allesamt Verantwortliche des Holocaust waren.

Warum?!

Der Nationalsozialismus war in meiner Erinnerung in unserer Familie, abgesehen von gelegentlichen Erzählungen meiner Großmutter, nie Thema gewesen. Aber augenscheinlich war er für meine Mutter äußerst wichtig. Warum sonst hätte er einen festen Platz in ihren Tagebuchaufzeichnungen einnehmen sollen?

Ich ahnte zum ersten Mal, dass vererbte Schuld offenbar eine mögliche Tatsache sein kann, denn meine Mutter war Jahrgang 1939 und damit zu jung für eigene Schuld.

Schon damals hatte ich das Gefühl, dass meine Mutter diese acht Jahre Einsamkeit brauchte, weil sie eine ganz bestimmte Aufgabe fühlte, der sie sich vollständig widmen wollte: in Selbstisolation und größtmöglicher Enthaltsamkeit Buße tun. Für was genau diese Buße sein sollte, darüber konnte ich bis dahin nur spekulieren.

Schuld und Buße in Form von Anstrengung und Disziplin. Diese Motive waren mir nur allzu bekannt aus meiner Erziehung – du musst perfekt sein.

Und: Du musst dich immer für die Schwachen einsetzen und sie beschützen.

Letzteres nannte meine Mutter „Flagge zeigen“. Sie ging oft mit mir und anderen Schüler*innen in Krankenhäuser und Altenheime, um dort zu musizieren, den kranken und schwachen Menschen etwas „Gutes“ zu tun. Die Orte, an denen meine heutigen Seminarteilnehmenden arbeiten …

Ich kann mich auch erinnern, dass sie viele Musikschüler*innen unterrichtete, die eine schwere Lebensgeschichte hatten, z. B. Geflüchtete oder Migrant*innen, oder mit wenig Einkommen in der Familie zurechtkommen mussten.

Alles Menschen, um die es auch in meiner heutigen Arbeit als Dozentin für interkulturelle Kompetenz geht …

Ihr „Flagge zeigen“ konnte aber z. B. auch so aussehen, dass sie ausgegrenzte Schüler*innen aus meiner Klasse zu meinem Geburtstag einlud, ohne mich zu fragen. Oder ich erhielt den Arbeitsauftrag, in der Schule dafür zu sorgen, dass keiner gemobbt wurde, was sie in Gesprächen mit meinen Lehrkräften überprüfte.

Schon damals war mir bewusst, dass diese Art des Mitgefühls für andere völlig über ein normales Maß hinausging, und ich fühlte mich, als ob ich nur existieren würde, um anderen zu helfen. Ich war wütend und versuchte zu rebellieren, aber Widerstand war zwecklos. Ich musste dieses grenzüberschreitende Verhalten meiner Mutter erdulden.

Aber warum? War dieses „Flagge zeigen“ eine Art Wiedergutmachung? Als Wiedergutmachung für den Holocaust? Hatte sie mich deswegen so erzogen und in ihrer Krankheit mit Verantwortlichen des Holocaust gesprochen?

Vererbte Schuld – mein Großvater im Nationalsozialismus

Ein weiteres, entscheidendes Puzzleteil zu dieser Frage fand ich 2017, als ich den Nachlass meiner Großmutter auflöste: ein Foto von meinem Großvater, dem Vater meiner Mutter, zusammen mit Joseph Goebbels, Reichsminister für Propaganda und einem der engsten Vertrauten von Adolf Hitler.

Es war wie ein Schlag in die Magengrube. Wie der endgültige Beweis in einer Mordermittlung gegen meinen Großvater.

Mein Großvater, Gerhard Nowottny (geb. 1905 in Dresden, gest. 1942 an der Ostfront im Zweiten Weltkrieg), war ein hochbegabter Musiker und Komponist. Er arbeitete in den 1930er-Jahren als Musikreferent und Leiter des Jugendfunks für das Reichsministerium für Volksaufklärung und Propaganda der NSDAP.

Dass mein Großvater eine leitende Position im Dritten Reich eingenommen hatte, wusste ich schon, als ich Karton für Karton den Nachlass meiner Großmutter durchsah.

Ich hatte alle Unterlagen, die ich auf ihrem Dachboden gefunden hatte, mit zu mir nach Hause genommen, um sie in Ruhe zu sortieren. Nun kamen mir unzählige Hakenkreuz-Orden, Bücher mit martialischen Titeln wie „Blut und Ehre" oder Liederbücher der Nazis entgegen.

Mein Großvater hatte als Scharführer für die Hitlerjugend viel komponiert. Ich erinnere mich an eine Passage aus den Biografie-Aufzeichnungen meiner Großmutter, in der sie davon erzählte, wie mein Großvater auch einen Text von Baldur von Schirach vertonen sollte. Von Schirach war Reichsjugendführer der Nationalsozialisten und später Stellvertreter Hitlers in Wien gewesen. Auch hier wurden die Verbindungen meines Großvaters bis in die höchsten Kreise sichtbar.

Ich tauchte immer tiefer ein in diese grauenvolle Zeit, und es tat mir fast körperlich weh, damit so persönlich konfrontiert zu werden. Das war *meine* Familie, und hier saß *ich*, in deren Besitz diese schrecklichen Schriftstücke nun gelangt waren! Diese Beweise, dass meine Großeltern tatkräftig mitgewirkt und sich voll in den Dienst dieser mörderischen Sache gestellt hatten.

Ich konnte die widerlichen Ausdünstungen dieser Bücher, Texte und Orden geradezu riechen, und als ich schließlich noch das Foto mit Goebbels fand, hätte ich mich am liebsten übergeben.

Mein Großvater. Kein Mitläufer. Keiner, der nicht anders konnte.

Sondern einer, der in seiner hochrangigen Position beim Reichsfunk mitgeholfen hatte, die nationalsozialistische Propaganda flächendeckend zu verbreiten. Eine perverse Propaganda, die letztendlich dafür gesorgt hatte, dass die Bevölkerung geglaubt hatte, mit der Vernichtung der Jüdinnen und Juden und anderer nonkonformer Menschen etwas Gutes, geradezu Ehrenvolles zu tun. Eine Propaganda, die der Entmenschlichung von Menschen diente, um sie ohne Gewissensbisse ausrotten zu können. Ohne Propaganda ist so etwas nicht möglich – der Holocaust wäre so nicht möglich gewesen.

Nach ein paar Tagen entschied ich mich, ein Museum zu suchen, das vielleicht Interesse an diesen, wie ich sie jetzt sehen kann, *Zeitdokumenten* hatte. Mir war es wichtig, alles möglichst schnell loszuwerden, und nachdem die Forschungsstelle für Zeitgeschichte in Hamburg Interesse gezeigt hatte, machte ich mich sofort mit dem Karton voller Unterlagen auf den Weg.

Nachdem ich dem Museum alle Unterlagen übergeben hatte, verdrängte ich dieses Erlebnis erst mal ein paar Jahre lang – und stellte noch keinen Zusammenhang zum Schicksal meiner Mutter her.

Bis ich 2020 doch wieder mit diesem Thema konfrontiert wurde.

Andere Kulturen als Bereicherung empfinden – mein Versöhnungsauftrag

Ich habe ja schon erzählt, dass ich selbstständige Dozentin für interkulturelle Kompetenz bin. In meine Seminare kommen Menschen, die in multikulturellen Teams arbeiten oder Kund*innen oder Patient*innen aus anderen Kulturen haben. Neben den Werten Frieden und Gleichberechtigung ist mein großes Anliegen, dass wir nicht in erster Linie die Schwierigkeiten sehen, die entstehen können, wenn Menschen unterschiedlichen Glaubens und mit unterschiedlichen Lebensarten aufeinandertreffen. Ich möchte stattdessen den Blick dafür schärfen, wie wir uns in unserer Vielfalt gegenseitig bereichern und viel voneinander lernen können.

Mein Ziel ist es also nicht nur, uns gegenseitig in Ruhe zu lassen und keine Diskriminierung und/oder Gewalt anzuwenden. Nein, ich möchte mehr! Ich möchte, dass wir darüber hinaus zu einer ganz neuen Kultur der gegenseitigen Wertschätzung und Inspiration kommen.

Diese Arbeit mache ich seit 2009 und habe in dieser Zeit viel gelernt, unter anderem, dass es für „uns Deutsche" wichtig ist, in den Spiegel zu schauen und zu überlegen, was wir denn an „Kultur" in eine interkulturelle Begegnung mitbringen. Das bedeutet unweigerlich auch, sich mit unserer Geschichte und dem gespaltenen Verhältnis zum Nationalstolz auseinanderzusetzen.

2020 musste ich mich nach der schmerzhaften Trennung von meinem Mann auch beruflich neu aufstellen und buchte mir ein Coaching. Mir wurde gesagt, wenn ich als Selbstständige erfolgreich sein wolle, müsse ich die Frage nach meinem inneren Warum, das meist auch mit meinem tiefsten Schmerz verbunden sei, beantworten:

Was treibt mich im Innersten an, meine Arbeit als Dozentin für interkulturelle Kompetenz zu machen?

Dabei entstand binnen 30 Minuten eine Antwort, bei der es mich erst mal ganz schön schauderte:

Das, was im Nationalsozialismus passiert war, hat meine Erziehung und meine Berufswahl massiv beeinflusst, obwohl ich 30 Jahre nach Kriegsende geboren wurde!

Ich mache diese Arbeit und schreibe dieses Buch also, weil meine Großeltern im Dritten Reich Schuld auf sich luden und meine Erziehung und das tragische Schicksal meiner Mutter ein Erbe dieser Schuld sind.

Es ist sehr wahrscheinlich, dass meine Familiengeschichte keine Ausnahme ist, d. h., in Ihrer Geschichte, liebe Leser*innen, sind auch Aspekte dieser kollektiven Schuld zu finden. Nicht zuletzt zeigt sich dieses Erbe in der gesamten deutschen Gesellschaft. Nämlich dann, wenn wir uns schwer damit tun, die Frage nach unserem Nationalstolz zu beantworten.

Mit meinem Buch möchte ich Ihnen einen Weg aus dieser Schuld und Belastung heraus zeigen, ohne das Erbe der Vergangenheit zu leugnen.

Wir haben die Chance, die Schuld aus der Vergangenheit in Verantwortung für die Zukunft zu verwandeln. Nicht nur für unseren eigenen Seelenfrieden, sondern für eine Welt, in der wir uns alle als Menschen mit denselben Bedürfnissen nach Frieden, Sicherheit und Liebe erkennen – egal, aus welcher Kultur wir kommen.

Neben all den Belastungen in meinem Leben haben mir meine Mutter, meine Großmutter und mein Vater auch eine sehr große Portion Zuversicht und Liebe zu anderen Menschen mitgegeben, sodass ich absolut davon überzeugt bin, dass wir dieses Ziel erreichen.

Deswegen habe ich dieses Buch geschrieben.

1.2 Reiseziel: Wohin Sie mit mir in diesem Buch reisen und warum ich diesen Titel gewählt habe

Haben Sie manchmal Fernweh?

Seit ich das erste Mal 1998 nach Guatemala gereist bin, kenne ich dieses Gefühl der Sehnsucht. Während ich jetzt gerade schreibe, darf ich wieder hier in diesem kleinen Land in Mittelamerika sein und blicke von meinem Schreibtisch auf purpurne Bougainvilleen, Jasmin und einen rosablühenden Baum, der regelmäßig von einem Kolibri besucht wird. Ständig denke ich: Geht es noch schöner?

Ich bin am Atitlán-See, nicht nur für mich der schönste See der Welt.

Eingerahmt von drei Vulkanen, entstand der See ursprünglich vor tausenden von Jahren selbst durch die Explosion eines Supervulkans. In diesem Explosionskrater sammelte sich das Regenwasser über Jahrhunderte und bildete den heutigen See, dessen Licht- und Farbenspiele bei jedem Wetter eine ganz eigene, geheimnisvolle und faszinierende Stimmung erzeugen.

Dazu kommen die Menschen, die Indígenas mit farbenprächtigen Trachten, die nicht nur wunderschön sind, sondern gleichzeitig anzeigen, zu welchem Dorf rund um den See die Träger*innen gehören.

Während ich hier auf meinen alten Pfaden wandle, kommen mir immer wieder die Tränen, weil es einfach so schön ist und ich so dankbar bin, dass ich diese wundervolle Welt erleben darf, die so ganz anders ist als meine deutsche Heimat.

1998 kam ich hierher, um ein Praktikum an einer Schule für mein Pädagogik-Studium zu machen. Damals schrieb ich ein Theaterstück für die Schüler*innen und führte es mit ihnen auf. Ich erinnere mich, dass ich am Ende sinngemäß schrieb, dass die Liebe das Wichtigste in unser aller Leben sei. So etwas hört sich immer pathetisch, abgedroschen oder nach Kalenderspruch an. Letztendlich aber stimmt es.

Das heißt nicht, dass wir jeden Menschen und jede Kultur bedingungslos lieben müssen. Wenn wir es aber schaffen, uns erst einmal liebevoll – oder etwas weniger pathetisch – wertschätzend zu begegnen, dann ist sehr viel gewonnen.

Schon mal ausprobiert, wie auch ein fremder Mensch sich öffnet, wenn Sie ihn anlächeln? Dann wissen Sie, wovon ich rede.

Leider fällt gerade uns Deutschen das Positive so enorm schwer! Für uns gibt es – zugegeben: etwas karikiert – folgende Gleichungen:

Jemand sagt etwas Positives? Naiv!

Jemand ist freundlich zu mir? Was will der? Verdächtig …

Jemand zeigt Gefühle? Unzurechnungsfähig!

Jemand tut etwas Liebevolles? Zu gut für diese Welt!

Ich habe oft den Eindruck, dass wir uns viel sicherer fühlen, wenn wir kritisieren, meckern, infrage stellen und sarkastisch sein können.

Natürlich ist dieser kleine Ausschnitt meiner subjektiven Wahrnehmung nicht repräsentativ für die gesamte Lebensrealität aller Deutschen (Sie erinnern sich an die Reisewarnung?). Ich bin aber durchaus der Meinung, dass es eine starke Tendenz in unserer Kultur gibt, uns vor Positivem und Emotionalem zu scheuen. Auch Neuerungen haben es bei uns nicht leicht („Das haben wir immer schon so gemacht“), weil wir das Risiko nicht abschätzen können, dabei hätten wir doch so gerne 100-prozentige Sicherheit.

Warum? Was ist da los?

Ich habe im Laufe meines Lebens und Arbeitens vor allem gelernt: Jedes Verhalten ergibt einen Sinn!

Auf unserer gemeinsamen Reise bekommen Sie auch eine Antwort darauf, warum wir so sind, wie wir sind.

Was erwartet Sie noch?

Ich zeige Ihnen nicht nur, wie Sie sich selbst besser verstehen können. (Ich gehe jetzt einfach immer davon aus, dass Sie in erster Linie einheimisch deutsch sind – für alle anderen: Schön, dass Sie dabei sind, auch für Sie kann es ja interessant sein, uns besser zu verstehen!)

Ich zeige Ihnen auch, wie uns Reisen hilft, andere Kulturen zu verstehen, und wie wir uns gegenseitig bereichern können.

Nicht jeder kann und will reisen, ich weiß, aber das ist auch gar nicht unbedingt nötig. Heute können wir in unserer digitalisierten und globalisierten Welt wunderbare Eindrücke einfach virtuell sammeln und Erfahrungen ganz unkompliziert vor unserer Haustür machen, denn Deutschland ist so reich! Reich an Kultur(en).

Allerdings habe ich den Eindruck, dass andere Kulturen z. B. in Form von Restaurants oder Geschäften in unserem Straßenbild und Alltag schon so präsent sind, dass es uns gar nicht mehr so auffällt und wir es auch gar nicht so wertschätzen.

Überlegen Sie mal: Sie können ganz einfach zum *Italiener, Griechen* oder zum *Syrer, Vietnamesen* oder *Mexikaner,* ohne Deutschland zu verlassen! Oder Sie sprechen einfach mit Ihren Nachbar*innen, Arbeits-, Schul- oder Studienkolleg*innen ...

Sie merken: Reisen geht auch vor Ort, und Sie brauchen dazu nicht zwangsläufig ein volles Konto und viel Urlaub – Sie brauchen vielmehr einen offenen Geist. Und den können Sie jetzt gleich aktivieren, indem Sie sich auf diese Reise mit mir in meinem Buch einlassen.

Ich verspreche Ihnen: Am Ende kennen Sie sich nicht nur selbst besser, Sie wissen außerdem, wie Sie entspannt mit sich und Menschen aus anderen Kulturen umgehen können.

Warum nun dieser Titel?

Meine Seminare für interkulturelle Kompetenz biete ich hauptsächlich für Pflegekräfte aus Krankenhäusern, Pflegeeinrichtungen und Hospizen an. Hierbei geht es darum, Patient*innen kultursensibel zu versorgen, d. h. darauf zu achten, welche Besonderheiten es in ihrer Kultur gibt, aber auch darum, wie man gut in multikulturellen Teams zusammenarbeiten kann.

Neben dem Pflegebereich habe ich auch schon Seminare für Mitarbeitende aus Finanzamt, Polizei und der Geflüchtetenhilfe durchgeführt. Umgekehrt haben auch bereits Geflüchtete oder andere mehrheimische Menschen von mir die „Geheimnisse der deutschen Kultur“ erfahren.

Egal, für wen die Seminare sind, es geht immer um dieselbe Frage: Was muss ich wissen, damit ich mich mit Menschen aus anderen Kulturen gut verständigen kann? Das ist zum größten Teil eine Frage der Haltung, d. h., nehme ich „Fremde“ als Bedrohung oder Ärgernis wahr oder als Normalität, vielleicht sogar als Bereicherung, bloß mit anderen Regeln und Eigenschaften als meinen eigenen?

Bei jeder Zielgruppe gibt es dann aber doch auch Besonderheiten.

Für Pflegende ist es z. B. wichtig zu wissen, dass die Idee von Pflege und Gesundheit von Kultur zu Kultur stark variiert. So brauchen deutsche Erkrankte möglichst viel Ruhe, in anderen Kulturen möglichst viel Aufmerksamkeit von Familie und Bekannten. Es ist auch wichtig zu wissen, dass in vielen asiatischen und muslimischen Kulturen immer in fließendem Wasser gewaschen wird, weil es hygienischer ist. Daher kann es beispielsweise sein, dass man bei Mitgliedern aus diesen Kulturen hierzulande eine Gießkanne auf der Toilette sieht …

Auch die Vorstellung, *warum* man erkrankt, ist unterschiedlich. In Deutschland hat Krankheit eine organische Ursache, wird biomedizinisch gesehen. In anderen Kulturen kann Krankheit eine Strafe oder Prüfung Gottes sein und wird eher religiös begründet. Wenn ich dieses Verständnis von Krankheit habe, kann das natürlich Einfluss auf mein Verhalten als Patient*in und Familienmitglied haben. Vielleicht wird die vorgeschriebene Einnahme von Medikamenten nicht eingehalten – Heilung kommt in erster Linie schließlich von Gott – oder vielleicht ist das Bedürfnis zu beten groß.

Mein Lieblingsthema in der Pflege ist „Sterben und Tod" in anderen Kulturen bzw. die Frage, wie man kultursensibel Sterbende und Angehörige begleiten kann. Ich finde, gerade hier können wir so viel von anderen Kulturen lernen, die oft einen viel offeneren Umgang mit dem Tod praktizieren, ihn geradezu feiern, wie am „Tag der Toten" in Mexiko. Ich habe für meine eigene Trauerarbeit bei anderen Kulturen viel gelernt und Trost gefunden, denn ich habe das Gefühl, dass in Deutschland der Tod häufig immer noch, sozusagen wörtlich, totgeschwiegen wird.

Mitarbeitende vom Finanzamt hingegen sollten ganz andere Dinge im Umgang mit Steuerpflichtigen aus anderen Kulturen wissen. Beispielsweise, dass hohe Bargeldsummen, die scheinbar aus dem Nichts auftauchen, nicht zwangsweise aus illegalen Quellen kommen. Es ist vielmehr so, dass Mitglieder aus sogenannten „Kollektivkulturen"[4] (z. B. aus Afrika, Südamerika, dem Nahen Osten und Asien) mehr Unterstützung von ihren Familien bekommen, als es in der deutschen Kultur denkbar wäre. Das gilt auch, wenn es um hohe Geldsummen geht. Alle Mitglieder „werfen zusammen", um Einzelnen zu helfen. Sie können sich im Gegenzug darauf verlassen, dass ihnen das Kollektiv ebenso hilft, wenn sie selbst in Not geraten.

4 Kollektivkultur: Kulturen, in denen die Gemeinschaft wichtiger ist als das Individuum, im Gegensatz zu Individualkulturen, in denen das Individuum im Vordergrund steht, wie z.B. in Deutschland.

Außerdem gibt es ein System, um Geld international zu transferieren, das rein auf Vertrauen zwischen Kund*innen und Händler*innen basiert: das Hawala-System[5]. Bei diesem Bankgeschäft werden keine Namen notiert und auch kein Ursprungsnachweis des Geldes verlangt. Dieses System funktioniert ohne Bank und ausschließlich mit Bargeld. Natürlich kann es für illegale Transaktionen missbraucht werden. Aber hauptsächlich nutzen muslimische Personen, die migriert sind, dieses System, um Überweisungen an Verwandte in anderen Ländern zu tätigen, weil es, wie z. B. im Irak, schlicht kein funktionierendes Bankensystem gibt.

So hat jede Zielgruppe ihre ganz eigenen und spannenden Besonderheiten, und es macht mir viel Spaß, zu schauen, welche speziellen Informationen benötigt werden.

Von allen Berufsgruppen sind mir aber die Mitarbeitenden eines Hamburger Sicherheitsdienstes in besonderer Erinnerung geblieben, denn sie haben mich nicht nur ordentlich aus meiner Komfortzone geholt und meinen Horizont extrem erweitert. (Wie gesagt, man muss nicht ins Ausland, um interkulturelle Erfahrungen zu machen.) Sie haben auch für den Titel dieses Buches gesorgt: „Frau Grünhagen, sind Sie stolz, Deutsche zu sein?“

Diese Frage stellten mir Teilnehmende in einem Seminar im Jahr 2015.

Ich war schockiert!

---

5 Wikipedia (2022b).

Ich dachte, so eine Frage stellt man doch keiner Deutschen, die Pädagogik studiert hat. Die sich im Studium ausschließlich kritisch mit der deutschen Geschichte auseinandergesetzt hat. Die nur Texte gelesen hat, die auf der Auseinandersetzung mit dem Nationalsozialismus und dem „Nie wieder!" beruhen. Die weiß, welche politische Haltung sie zu haben hat – und das völlig zu Recht.

Mit dieser Frage und natürlich der damit verbundenen Diskussion wurde ich extrem aus meiner politisch linksgerichteten Lebenswelt und Komfortzone herauskatapultiert.

Für mich und mein privates sowie berufliches Umfeld bestand damals definitiv Einigkeit darüber, dass so etwas wie Nationalstolz für Deutsche undenkbar ist und sein muss. Allein darüber zu reden war verdächtig. Und wer anderer Meinung ist, ist politisch ordentlich rechts einzuordnen und dementsprechend im Unrecht. So dachte ich. Punkt.

Schon in meiner Schulzeit – unabhängig von meiner eigenen Familiengeschichte – wurde der Nationalsozialismus in seiner Grauenhaftigkeit so oft thematisiert, dass mir als konsequentes Gefühl dazu nur *Schuld* einfiel.

Niemals Stolz.

Ich möchte meine persönliche Geschichte der vererbten Schuld und meine Gefühle dazu nicht automatisch auf alle anderen übertragen. Aber ich denke doch, dass dieses Gefühl viele von uns einheimisch

Deutschen begleitet: die Schuld bzw. ein durchaus gespaltenes Verhältnis zur eigenen Herkunft.

Es gibt zwei Argumente, die bei dieser Frage immer wieder genannt werden:

» Die wenigsten von uns noch lebenden Deutschen waren persönlich dabei und konnten somit gar nicht aktiv Schuld auf sich laden.

» Andere Länder haben auch Völkermorde begangen und/oder begehen sie immer noch, ohne dieses Schuldempfinden zu haben.

Aber diese Argumente bewirkten bei mir nichts oder nur wenig. Das Gefühl der Schuld blieb hartnäckig, und ich denke: Das war und ist nicht nur bei mir so.

Ich habe im Laufe der Zeit in meinen Seminaren festgestellt, dass die Frage nach dem Verhältnis zur eigenen Kultur für meine einheimisch deutschen Teilnehmenden einer der wichtigsten Seminarblöcke ist.

Immer wieder sah ich mich vor der Herausforderung, mit Aussagen und Fragen umzugehen wie: „Das wird uns ja immer noch vorgeworfen!" Oder: „Wie lange sollen wir uns denn noch entschuldigen? Auch auf politischer Ebene werden wir ja immer wieder mit der Nase darauf gestoßen."

Das war und ist übrigens bei allen Berufsgruppen mehr oder weniger leidenschaftlich Thema.

Ich musste mich mit der Tatsache auseinandersetzen, dass es durchaus einige Menschen in meinen Seminaren – und damit auch in der deutschen Bevölkerung – gibt, die …

a) diese Schuld als problematisch und ungerecht empfinden und
b) sich nach einem positiven Verhältnis zur eigenen Herkunft und Nation sehnen und stolz sein möchten.

Für mich eine schwierige Situation, denn, wie beschrieben, galten „solche Gedanken“ für mich als tendenziell politisch rechts und damit sozusagen „undenkbar“.

Aber ich war nun mal damit konfrontiert, und außerdem wäre ich eine schlechte Dozentin, wenn ich mich selbst „Andersdenkenden“ einfach so entziehen würde. Daher beschloss ich, meine subjektive Lebensrealität zu verlassen, um mit den Andersdenkenden ins Gespräch zu kommen und nach Lösungen für dieses Problem zu suchen. Ein Problem, das uns Deutsche meiner Ansicht nach auf der Welt einzigartig macht: unser gespaltenes Verhältnis zum Nationalstolz und damit auch zu uns selbst.

Sind Sie stolz, Deutsche zu sein?

Ich habe diesen provokativen Titel gewählt, um einen Schmerzpunkt anzusprechen, aber auch zu heilen.

Denn: Ich bin der Meinung, wenn wir diese Frage beantworten können, ohne diskriminierend, rassistisch oder nationalistisch[6] zu denken und zu handeln, dann sind wir einen riesigen Schritt weiter auf dem Weg zu einem entspannten, friedlichen und erfolgreichen Miteinander der Kulturen hier in Deutschland – und dahin geht letztendlich die Reise.

1.3 Reisefreiheit: Eines von vielen Privilegien, das nicht jeder besitzt

Bevor es losgeht: Wissen Sie eigentlich, wie wertvoll Ihr Reisepass ist?

Im sogenannten Reisepass-Ranking, das jährlich ermittelt, mit welchen Pässen man weltweit am einfachsten reisen kann, steht der deutsche Reisepass momentan auf Platz 2 der Weltrangliste![7] Das bedeutet, dass wir als deutsche Staatsangehörige beispielsweise in 116 von 195 Ländern einfach ohne Visum einreisen können.

Bis zu meinem zweiten Aufenthalt 2004 in Nicaragua war mir überhaupt nicht bewusst, dass ich einen „privilegierten" Pass besaß. Meine Reisen nach und in Süd- und Nordamerika verliefen bis dahin immer komplett reibungslos, und ich dachte, das sei normal.

Das zweite Praktikum war, genau wie das erste in Guatemala, verpflichtender Teil meines Pädagogik-Studiums. Ich hätte es auch in einer sozialen Einrichtung in Deutschland absolvieren können, aber

6 Die eigene Nation als etwas Besseres bewerten als andere.

7 Passport Index (2023).

meine Lust auf Reisen war durch Guatemala geweckt, und ich wollte mein Spanisch wieder auffrischen.

Bei der GIZ (Gesellschaft für internationale Zusammenarbeit) war ich drei Monate in ein Projekt eingebunden, das mit der nicaraguanischen Polizei kooperierte. Es ging dabei um Maßnahmen gegen Korruption und Gewalt. Um das zu erreichen, sollten unter anderem mehr Frauen ausgebildet und in der Polizei eingestellt werden. Die Idee dahinter war, dass auf der einen Seite durch die Präsenz von Frauen in der Polizei und auf der Straße weniger Korruption und Gewalt seitens der Polizei ausgeübt wird. Auf der anderen Seite sollten die Angebote für Frauen, die Opfer von Gewalt geworden waren, besser ausgebaut werden.

Das Projekt lief schon geraume Zeit, und es war für mich deutlich spürbar, dass allein durch die Präsenz von *Polizistinnen,* damals tatsächlich 50 Prozent Frauenanteil, die Stimmung auf der Straße friedlicher war, als ich es von anderen Ländern kannte.

Es war eine unheimlich spannende Zeit, in der wir mit der Projektgruppe im ganzen Land herumreisten und uns in den hiesigen Polizeistationen ein Bild von der Umsetzung der Projektarbeit machen konnten. Hier, in den entlegensten Ecken dieses sehr armen Landes, wo kaum Urlaubsgäste hinkommen, bin ich mir meiner privilegierten Lebenssituation in Deutschland besonders bewusst geworden.

Polizeistationen waren z. B. oft nur dadurch gekennzeichnet, dass jemand mit Kreide das Wort „Policía“ auf eine kahle Wand des Gebäudes geschrieben hatte. Beim Eintritt sah man dann lediglich einen wackeligen Tisch und Stuhl mit einer uralten Schreibmaschine, und auf die Frage, was denn mit Tatverdächtigen geschähe, war die Antwort: „Die werden vor der Tür an einen Baum gebunden."

Ich hatte Armut und schlechte Infrastruktur zwar schon in Guatemala gesehen, aber nicht so eindrücklich wie hier in Nicaragua. Ich weiß, dass das Thema Gewalt gegen Frauen und Kinder auch in Deutschland nicht zu unterschätzen ist. Aber in Nicaragua war die Anwendung von Gewalt teilweise so selbstverständlich, dass sie öffentlich ausgeübt wurde. Wir beobachteten beispielsweise, dass ein Kind von seiner Mutter ausgepeitscht wurde – und zwar auf der Terrasse ihres Hauses, die direkt an der Straße lag. Mein damaliger Mann und ich haben die Mutter sofort gestoppt, aber man kann sich vorstellen, dass sie ihr Kind mit hoher Wahrscheinlichkeit weiter misshandelt haben wird. Für mich war besonders schockierend, dass die Großmutter in einem Schaukelstuhl danebensaß und mit offensichtlicher Genugtuung beobachtete, wie ihre Enkelin ausgepeitscht wurde.

Da wurde mir das erste Mal richtig bewusst, dass Misshandlung, obwohl sie furchtbar ist, viel zu oft an die eigenen Kinder weitergegeben wird. Die Großmutter hatte höchstwahrscheinlich die gleiche Erziehung erlitten. Nicht nur Geld und Besitz werden vererbt – Gewalt auch, und wenn Bildung, Wohlstand und Liebe fehlen, kann dieser fatale Automatismus nicht oder nur schlecht unterbrochen werden.

Mein privilegiertes Leben in Deutschland stand hierzu in einem krassen Gegensatz. Und dann wurde mir dieses privilegierte Leben auch noch einmal in Bezug auf meine Reisefreiheit bewusst.

Nach Ablauf meines Praktikums wollte mein damaliger Mann zusammen mit unserem Sohn, zu dem Zeitpunkt vier Jahre alt, zu mir nach Nicaragua kommen, damit wir noch ein paar Wochen gemeinsam durch Mittelamerika reisen konnten.

Schon am Flughafen in Hamburg trat das erste Problem auf:

Wir wussten nicht, dass er ohne mein schriftliches Einverständnis nicht mit unserem Sohn allein fliegen konnte, denn bei alleinreisenden Elternteilen (unabhängig, ob man verheiratet ist oder nicht) mit Kind besteht immer der Verdacht der Kindesentführung. Besonders bei einem Reiseziel wie Nicaragua, das kein Auslieferungsabkommen mit Deutschland hat und leider berüchtigt ist für Kindesentführungen bei Sorgerechtsstreitigkeiten. Verheimlichen, dass sie nach Nicaragua reisten, war leider ebenfalls nicht möglich, obwohl der Flug zunächst nur nach London ging. Mein Mann war mit unserem Sohn nämlich freudig singend auf die Zollkontrolle zugegangen mit dem überaus informativen Liedtext: „Hurra, hurra, wir fahr'n nach Nicaragua!"

Es stellte sich dann heraus, dass das viel größere Problem bei der Einreise in die USA wartete. Unser Sohn hatte nur den in Deutschland damals üblichen Papierausweis. In den USA war aber ein maschinenlesbarer Pass aus Plastik vorgeschrieben. Den aber gab es damals in Deutschland nur für Erwachsene. Ich weiß nicht, wie andere Deutsche mit ihren Kindern damals eingereist sind, wir hatten jedenfalls nur diesen Papierausweis, der nicht maschinenlesbar war.

Mein damaliger Mann verbrachte daraufhin acht Stunden mit unserem *vierjährigen* Sohn in einem sogenannten „Untersuchungsraum". In diesem Untersuchungsraum durfte man nicht sprechen, also auch keine Fragen stellen, wie lange man hier festgehalten werden sollte. Man durfte nicht aufstehen, und es gab auch nichts zu essen oder zu trinken. Diese Praxis wird auch mit unerbittlicher Härte bei Kindern durchgeführt.

Für die Mitarbeitenden vor Ort war es dabei auch völlig unerheblich, dass es in Deutschland keinen maschinenlesbaren Ausweis für Kinder gab.

Erst nachdem mein Mann unterschrieben hatte, dass unser Sohn nie wieder mit diesem Papierausweis in die USA einreisen würde, durften die beiden dann doch noch gerade rechtzeitig ihren Anschlussflug nach Nicaragua antreten.

Ich war extrem schockiert, dass es in Amerika offenbar einen – nach meinem Empfinden – rechtsfreien Raum gibt, in den man völlig unverschuldet geraten kann, nur weil ein Ausweis nicht das richtige Material hat. Das war vielleicht naiv, aber als privilegierter Mensch lernte ich erst jetzt, dass die Welt nicht für alle offen ist.

Mir fiel es in dieser Situation jedenfalls wie Schuppen von den Augen:

Was passiert wohl mit Menschen ohne „gute" Pässe wie z. B. aus Ländern wie Nicaragua oder gleich Gesamt-Südamerika, aus Ländern in Afrika, Asien? Übrigens nicht nur in den Vereinigten Staaten, sondern genauso in Deutschland oder anderen reichen Ländern.

Als Deutsche hatten wir definitiv noch Glück im Unglück, denn Menschen aus anderen Ländern müssen oft, trotz korrekter Papiere, ganz andere Schikanen allein wegen ihrer Nationalität und ihres Aussehens erdulden.

Diskriminierungserfahrungen aufgrund des Aussehens sind zahllos. Selbstverständlich nicht nur auf Flughäfen, aber hier spielte sich eben mein Schlüsselerlebnis zum Thema Weltoffenheit und Reisefreiheit ab.

Wie es sich auch als Deutsche anfühlen kann, keine Reisefreiheit zu besitzen, wissen diejenigen unter uns, die in der DDR aufgewachsen sind. Das sage ich nicht, um das Leben dort zu verurteilen, sondern weil es eine prägende Erfahrung ist, die uns bei dem Verständnis für Menschen aus anderen Kulturen und deren Situation helfen kann.

Zum Reisestart sollten wir uns dringend darüber bewusst sein, dass wir in Deutschland nicht nur enorm privilegiert leben. Mit unseren Reisepässen besitzen wir mittlerweile alle die „goldene Eintrittskarte für die Welt"!

Auch wenn wir in der Praxis nicht alle davon Gebrauch machen, so bedeutet es doch in der Theorie, dass wir gegenüber vielen anderen Kulturen, Ländern und Menschen privilegiert sind. Dafür müssen wir uns nicht schämen, aber dieses Bewusstsein kann uns entspannen, für andere Lebenswelten sensibilisieren und großzügig denken lassen, wenn wir jetzt unsere Reise zu uns selbst und zu einem friedlichen Miteinander der Kulturen starten.

Erster Halt: Vergangenheit

Nur wenn wir über Schuld sprechen, können wir verstehen.

Was ist typisch deutsch?

Mit dieser Frage beginne ich in meinen Seminaren das Thema der eigenen Herkunft. Ich bemerke jedes Mal, dass diese Frage zunächst entweder ein Schmunzeln, ein Augenrollen oder beides auslöst. Niemals jedoch Langeweile oder Gleichgültigkeit. Die Gruppendiskussionen zu dieser Frage werden immer engagiert und manchmal auch durchaus leidenschaftlich geführt. Allerdings kommt bei dem Thema „eigenes Land" auch nie pure Begeisterung auf wie bei so vielen anderen Menschen, wenn sie über ihre Kultur erzählen sollen. Fragen Sie mal einen Italiener oder eine Brasilianerin oder einen Togolesen nach jeweils typischen Merkmalen seiner bzw. ihrer Kultur – Sie werden höchstwahrscheinlich ein Feuerwerk an Beschreibungen von großartigem Essen, leidenschaftlicher Musik und wunderbarer Natur oder Sehenswürdigkeiten als Antwort erhalten.

Von Deutschen kommen die Antworten zur eigenen Kultur eher selbstironisch oder selbstkritisch. Als typisch deutsche Symbole nennen meine Teilnehmenden meist Kartoffeln, Wurst, Bier, Autos, Funktionskleidung und weiße Socken in Sandalen. Oft stehen aber auch typisch deutsche Werte und Eigenschaften bei der Diskussion im Vordergrund: Planung, Bürokratie, Effizienz, Ordnung und allem voran die Pünktlichkeit.

Bis zu diesem Punkt sind die Ergebnisse der Teilnehmenden und die wissenschaftlichen mehr oder weniger identisch. Bei den Teilnehmenden ergibt sich allerdings in fast allen Fällen ein weiterer, wichtiger Punkt: das Schuldgefühl der Deutschen und das gespaltene Verhältnis zum Nationalstolz.

Dieser Punkt wird in den wissenschaftlichen Kulturstandards für Deutschland so explizit nicht dargestellt. Die Teilnehmenden sprechen dieses Thema allerdings früher oder später immer an.

Meiner Ansicht nach ist das nicht verwunderlich, denn ob wir es wollen oder nicht: Wir reisen immer in die Vergangenheit, wenn wir uns selbst betrachten. Denn nur so erklärt sich, warum wir sind, wie wir sind. Dieses Phänomen gilt für uns als einzelne Menschen genauso wie für uns als Kultur oder Volk.

Im Umkehrschluss heißt das:

Wir *müssen* auch immer in unsere Vergangenheit reisen, weil wir unsere Gegenwart sonst nicht verstehen und für die Zukunft nichts ändern können.

Warum ist das Thema Nationalsozialismus immer noch so präsent, …

… obwohl es doch schon „so lange her ist"?
… obwohl die Deutschen doch nicht die Einzigen sind, die einen Völkermord begangen haben?

Diese Fragen stelle ich im Seminar als Nächstes.

„Wir werden ja immer noch daran erinnert", ist oft die erste Reaktion der Teilnehmenden.

Aber *warum* werden wir immer noch daran erinnert?

Ich denke, dass es dafür hauptsächlich drei Gründe gibt, die ich in Kapitel 2.1 bis 2.3 erläutern werde. Ich möchte darauf hinweisen, dass es mir bei meinen Gedanken nicht darum geht, wissenschaftliches Faktenwissen zu reproduzieren. Das ist in diesem Zusammenhang nicht sinnvoll, weil es erstens mehr als genug Fachliteratur zum Thema des Zweiten Weltkrieges gibt und mich zweitens eine reine Auflistung von Zahlen, Daten und Fakten schon in der Schule nicht weitergebracht hat.

Es geht mir auch nicht um einen „Betroffenheitstourismus" oder darum, sensationsheischend das Leid anderer anzusehen. Vielmehr geht es mir darum, noch einmal klar hinzuschauen und anzuerkennen, mit welchem Erbe wir es hier zu tun haben. Täte ich das in diesem Buch nicht, wäre es unvollständig, und wir hätten keine stabile Basis für unsere weitere Reise zu einer guten Gesellschaft der Kulturen in Deutschland.

2.1 Tötungsindustrie im Nationalsozialismus: typisch deutsch

Der Nationalsozialismus bedient in vielen Facetten Superlative. Es entstand ein Weltkrieg mit der Beteiligung von insgesamt 27 Nationen mit weltweit 70 Millionen Opfern. Große Teile davon natürlich Soldaten. Aber in den sogenannten „Bloodlands"[8] zum Beispiel – in den Gebieten des heutigen Polens, der Ukraine, der baltischen Staaten und in Teilen Russlands – wurden von Hitler und Stalin 14 Millionen Zivilpersonen ermordet: Jüdinnen und Juden, Sinti und Roma, andere unerwünschte Minderheiten und politische Gegner*innen.

Wie all die Menschen zu Tode kamen, war unterschiedlich. Soldaten fielen auf dem Kriegsfeld. Kriegsgefangene und Zivilpersonen wurden erschossen oder man ließ sie absichtlich verhungern, was sich als äußerst effektive und kostengünstige Methode erwiesen hatte. Es gab die Konzentrations- und Vernichtungslager: Todesfabriken, in

8 Snyder (2022).

denen die Menschen schlichtweg vernichtet wurden, unter unfassbar grausamen Bedingungen arbeiten mussten und an Erschöpfung und Krankheit starben oder, falls sie „unbrauchbar“ waren wie Kinder oder alte und kranke Menschen, sofort vergast wurden.

Die schiere Masse an Toten und Verletzten, die großflächige Zerstörung von Seelen und Orten der Sicherheit und Geborgenheit – das Ausmaß des Schreckens und die Folgen des Zweiten Weltkrieges sind historisch einzigartig. Und: Deutschland hat diesen Krieg begonnen.

Was sollte also anderes passieren, als dass man sich daran erinnert? Dass wir uns daran erinnern?

Das *Ausmaß* ist also der erste Grund, warum wir uns immer noch erinnern und erinnert werden.

Ich weiß, viele von Ihnen denken jetzt vielleicht: „Nicht schon wieder! So oft haben wir uns in der Schule damit beschäftigt, haben es in politischen Diskussionen gehört, so viele Dokumentationen angesehen. Wie oft denn noch?“

Das verstehe ich. Ich habe mich als Schülerin geweigert, als wir in der neunten Klasse den Film „Schindlers Liste“ gucken sollten. Ich hatte das Gefühl, nicht noch einen Film über das Dritte Reich sehen zu können. So oft hatten wir in der Schule das Thema Nationalsozialismus – und das nicht nur mit Zahlen und Fakten im Geschichtsunterricht, sondern auch in Deutsch, Englisch und Religion.

Wir sahen schreckliche Fotos von Leichenbergen.

Und irgendwann konnte ich den Sinn darin nicht mehr erkennen. Mir fehlte die Perspektive. Was machen wir jetzt damit?

Außerdem musste ich später feststellen, dass ich von der Geschichte vor 1933 und nach 1945 überhaupt keine Ahnung hatte. Ich glaube auch hier, dass ich diese Erfahrung mit vielen Menschen in Deutschland teile. Ich bin aber der festen Meinung, dass es wichtig ist, diese Geschichte auch zu kennen, weil wir sonst nicht wirklich aus ihr lernen können, um unsere Zukunft bewusst zu gestalten. Für mich hat sich sehr viel erklärt, als ich mich mit der Zeit vor und nach dem Dritten Reich befasst habe. Ich habe Alarmzeichen gesehen, aber auch überaus positive Bewegungen für und in Deutschland erkannt. Diese spannenden Erkenntnisse zeige ich Ihnen bei unserem nächsten Halt in Kapitel 2.2 und später in den Kapiteln 3.2 und 3.3.

Warum schreibe ich jetzt aber doch wieder über die NS-Zeit?

Das Ausmaß und die Folgen des Nationalsozialismus sind ein wichtiger Grund, um zu verstehen, warum für uns Deutsche die Vergangenheit so präsent ist. Es war einfach so entsetzlich, dass es noch weit über die Leben derjenigen hinauswirkt, die damals dabei waren. Nicht zuletzt ja auch massiv auf mein eigenes, wie ich beim Reisestart berichtet habe.

Unser aller Leben ist davon beeinflusst. Wir waren und sind uns dessen nur nicht immer bewusst. Erst allmählich dämmert es uns, dass wir auch als Täternachkommen betroffen sind. Ich habe den Eindruck, dass immer mehr Diskussionen zum Thema vererbte Schuld und Traumata stattfinden, und ich bin froh darüber. Denn es hat mir erklärt, warum *ich* mich von der Vergangenheit so belastet fühle, ohne selbst dabei gewesen zu sein.

Wie funktioniert Versöhnung?

Eines ist mir auch noch unendlich wichtig zu sagen in diesem Zusammenhang: Wenn wir Vergebung und Loslösung von Schuld wollen, wenn wir uns versöhnen und einen Neuanfang wollen, dann braucht es eines: die Anerkennung des entstandenen Leids. Das Leid muss anerkannt werden, ohne es zu relativieren, ohne Wenn und Aber. Keine Diskussion darüber, ob das Leid wirklich so groß war oder ob sich die Opfer hätten wehren können oder darüber, dass die Mehrheit der deutschen Bevölkerung ja gar nichts wusste, oder Ähnliches.

Das gilt für jede Form der Versöhnung und für diese natürlich ganz besonders.

Auch wenn es sich theatralisch, übertrieben oder sogar anmaßend anhört: Während ich das hier schreibe und auch in der Vorbereitung, hatte und habe ich das Gefühl, dass mir die Seelen der Verstorbenen über die Schulter blicken und rufen: „Bitte mach unser Leid sichtbar und gib ihm einen Sinn."

Kennen Sie dieses Gefühl, wenn Ihnen Unrecht und Leid widerfahren ist? Dieses Gefühl der Ohnmacht, Wut, Angst, Hilflosigkeit, ein Gefühl der Demütigung? Fühlen Sie da einmal hinein. Es ist schrecklich, oder?

Aber wenn dann jemand das Leid anerkennt, ganz klar und aus vollem Herzen sagt: „Dir ist Unrecht widerfahren. Das war schrecklich. Das tut mir leid." – Dann ist es wie eine Erlösung.

Ich sage nicht, dass dann alles vorbei und in Ordnung ist. Je nachdem, was geschehen ist, braucht es auch mehr oder weniger Zeit. Aber ich sage, dass es eine unerlässliche Bedingung ist, damit Heilung und Versöhnung überhaupt anfangen können.

Haben wir das wirklich schon getan? Das Leid tatsächlich anerkannt? Nicht nur das der Verstorbenen, sondern auch das der Nachkommen? Das Leid in unseren Familien?

Ich meine damit auch nicht offizielle Gedenkfeiern und -tage. Der Staat kann uns unsere Arbeit nicht abnehmen. Es ist gut, dass es diese offizielle Aufarbeitung gibt. Ich spreche aber von uns persönlich. Es muss klar in unserem Bewusstsein stehen: So vielen Menschen wurde unaussprechliches Leid angetan.

In erster Linie geht es natürlich um diejenigen, die verfolgt, geschändet, missbraucht und ermordet wurden. Jüdinnen und Juden, Sinti und Roma, behinderte Menschen, Homosexuelle und Regimekritiker*innen. Das soll aber nicht heißen, dass ich das Leid, das auch den Täter*innen und ihren Nachkommen widerfahren ist, gar nicht gelten lasse. Auch hier gibt es Leid, das noch gesehen werden muss. Nicht zuletzt habe ich das ja in meiner eigenen Familie erfahren. Hier bleibt allerdings noch offen, wie wir mit diesem scheinbaren Widerspruch von Täter*innen und ihrem Leid umgehen können, das ebenso existiert, ob wir das wollen oder nicht. Meine Gedanken dazu habe ich in Kapitel 2.3 festgehalten.

Was ist typisch deutsch am Massenmord in der NS-Zeit?

Stalin, Mussolini, Franco, Kim Jong Il, Mao Zedong und viele mehr. Was unterscheiden ihre diktatorischen Regime von Hitlers Drittem Reich?

Als Erstes haben wir das *Ausmaß* gesehen.

Als Zweites sehen wir die *Art und Weise* des Massenmordes im Nationalsozialismus.

So furchtbar es klingt, Hitlers Rassenideologie und -politik setzte dem gesamten Gräuel von Massenmorden in der Geschichte eine furchtbare Krone auf.

Machen wir es uns noch einmal ganz deutlich:

Es ging darum, alle Jüdinnen und Juden, ein gesamtes Volk in Europa, zu vernichten, auszurotten. Das Wort „Holocaust" beschreibt diese Idee. Es kommt aus dem Altgriechischen und bedeutet „vollständig verbrannt".

Niemand sollte mehr übrig bleiben. Und ich behaupte, dass die Verantwortlichen das Resultat von sechs Millionen getöteten Menschen nur mit typisch „deutschen Eigenschaften" umsetzen konnten.

Zu Beginn sollten Jüdinnen und Juden lediglich aus Deutschland vertrieben werden, z. B., indem sie gezwungen wurden, auszuwandern. Hitler gelang es, seine Überzeugung, dass „der Jude" lebensbedrohlich für den „deutschen Volkskörper" war, auch in die Köpfe seiner Gefolgsleute wahnhaft einzupflanzen. Und so war die logische Konsequenz dieses Wahns, „die Juden" zu vernichten.

Deswegen hatte Hitler bereits in seinem Buch „Mein Kampf"[9] seine Rassentheorie entwickelt und führte pseudowissenschaftlich Beweise dafür an, dass die „arische Rasse", der die Deutschen angehörten, allen anderen auf „biologische Weise" überlegen sei. Seiner Ansicht nach würden die Jüdinnen und Juden die Reinheit der arischen Rasse bedrohen und müssten daher mit aller Härte bekämpft, d. h. vernichtet werden. Auch wenn wir alle diese Idee der Rassenlehre schon gehört haben – ich finde es wichtig, uns noch einmal vor Augen zu führen, welch unfassbare Idee dahinterstand: 11 Millionen Menschen in ganz Europa zu töten und danach die Deutschen als arische Herrscher der Welt an ihren „natürlichen" Platz zu führen. Mehr Allmachtswahnsinn geht nicht.

9 Zehnpfennig (2015).

Heute sehen wir den Wahnsinn dieser Idee. Damals war er Wirklichkeit, und Hitler wurde in seinem Wahn zu lange maßlos unterschätzt.

Natürlich gibt es auch in anderen Fällen von Völkermord immer das Phänomen, dass bestimmte Menschengruppen als Feindbild ausgewählt werden, Stereotype und Anschuldigungen über sie in die Welt gesetzt werden, um sie dann ohne menschliche Skrupel verfolgen und töten zu können.

Aber Hitler begründete seine Verschwörungstheorie gegen die Jüdinnen und Juden *wissenschaftlich*. Pseudowissenschaftlich selbstverständlich, denn nichts von den damaligen Annahmen ist belegbar. Zum damaligen Zeitpunkt jedoch gab es angesehene Rassentheoretiker, auf die sich Hitler beziehen konnte.[10]

Und hier kommt meiner Meinung nach ein erstes typisch deutsches Merkmal ins Spiel: Eine Behauptung wird wissenschaftlich, rational und *sachlich* bewiesen.

Kategorien wie *Kultur* oder *typisch diese oder jene Nationalität* sind mit äußerster Vorsicht zu genießen und als Verallgemeinerung absolut streitbar.

In diesem Zusammenhang müssen wir beachten, dass selbstverständlich nicht *alle* Mitglieder einer Kultur sich *immer* gleich

---

10 Z.B. Arthur de Gobineau.

verhalten. So, wie ich es am Anfang des Buches unter der Reisewarnung beschrieben habe.

Aber es gibt Regeltendenzen in jeder Kultur, sogenannte Kulturstandards[11], an die sich alle Mitglieder mehr oder weniger stark halten. Das zu wissen ist wichtig, wenn wir menschliches Verhalten verstehen wollen. Daher benutze ich diese Kategorien, auch wenn sie umstritten sind. Wie wir am besten mit den Begriffen „Kultur", „Nationalität" oder „typisch"-Kategorien umgehen, erkläre ich noch genauer in Kapitel 5.1.

Zurück zu typisch deutschen Regeln im Zusammenhang mit dem Holocaust:

Als ich mich mit meinen Teilnehmenden im Laufe der Zeit immer wieder auch mit dem Holocaust beschäftigte, stellte irgendwann eine Teilnehmerin mit Schaudern fest, dass die Vernichtung der Jüdinnen und Juden offensichtlich mit typisch deutschen Werten durchgeführt worden sei.

Es war mir bis dahin gar nicht wirklich klar gewesen, aber die Ermordung jüdischer und anderer „nicht lebenswerter" Menschen kann durchaus als „typisch deutsch" bezeichnet werden.

Besonders der typisch deutsche Wert **Sachlichkeit** kommt hier menschenverachtend, aber nach meinem Empfinden auch ganz deutlich zum Vorschein:

---

11 Schroll-Machl (2016).

Es gab angeblich sachliche Gründe, warum die Jüdinnen und Juden vernichtet werden mussten. Ein absurder „Sachzwang", der mehr galt, als ein Bewusstsein dafür zu haben, wie grauenhaft unmenschlich diese Idee ist.

„Sache ist wichtiger als die Person", so erklärt Alexander Thomas, Professor für interkulturelle Psychologie, den deutschen Kulturstandard „Sachorientierung".

Aufgrund dieser Logik konnten die Opfer auch kein Erbarmen erwarten. Die Sache, also ihr Tod, so schlimm er als menschliche Tragödie auch manchmal bedauert wurde, war einfach wichtiger als sie als Mensch oder Humanität im Allgemeinen.

Hinzu kommt die **Regelorientierung** und das damit verbundene Bedürfnis nach Ordnung in der deutschen Kultur. Regelorientierung heißt: Es werden verbindliche Regeln für das Zusammenleben erwartet und dass sich die Menschen daran halten.

Kennen Sie das auch aus Ihrem heutigen Alltag in Deutschland? Wenn alles geregelt ist, dann ist es beruhigend, dann fühlen wir uns sicher. Es hat ja alles seine Ordnung. Und genau dieses Gefühl erzeugten die Nationalsozialist*innen, indem sie „wissenschaftliche Beweise" anführten und daraus die Regeln der Rassengesetze ableiteten. Es wird schon seine Ordnung haben …

Die sachlich-gesetzliche Basis für die Vernichtung jüdischer Menschen war also gelegt. Durch gezielte Propaganda, an der mein Großvater als Komponist und Scharführer in der Hitlerjugend äußerst aktiv beteiligt war, wurde die perfide Rassenlehre zur Normalität. Jetzt fehlte noch die praktische Umsetzung des Plans, alle Jüdinnen und Juden in Europa zu vernichten.

Wie bringt man 11 Millionen Menschen um?

Dafür benötigt man eine gute Planung, und hier sehen wir den zentralen Kulturstandard in der deutschen Kultur: **Zeitplanung**! Zeit ist Geld, und wir möchten die Zeit durch eine gute Planung möglichst effektiv nutzen.

Das galt auch in grausamster und menschenverachtender Weise bei der Planung der sogenannten „Endlösung" der „Judenfrage". Übrigens ist das Wort „Endlösung" ein Euphemismus, d. h., die eigentliche Bedeutung wird verschleiert oder verharmlost. Ein euphemistisches Vokabular ist ein weiteres Werkzeug der Beruhigung, indem es die Diskussion auf eine sachliche Ebene bringt, die es möglich macht, keine emotionalen Regungen spüren zu müssen. Es gab viele Ausdrücke wie z. B. „Sonderbehandlung" statt Tötung oder folgender Satz aus dem Protokoll der Wannseekonferenz: „‚Wobei [beim Einsatz bei Zwangsarbeiten] zweifellos ein Großteil durch natürliche Verminderung ausfallen wird' […]. Der verbleibende ‚Restbestand' müsse ‚entsprechend behandelt' werden."[12]

Es gibt wissenschaftliche Arbeiten, die untersuchen, wie das Vorhaben des Holocaust und die Art der deutschen Sprache sich

12 Wagener (2022).

unheilvoll-wirksam ergänzten. An dieser Stelle möchte ich nur darauf hinweisen, wie man durch eine bestimmte Wortwahl die Realität der Dinge manipulieren und meiner Meinung nach gerade mit der deutschen Sprache sehr entpersonalisiert bis entmenschlicht kommunizieren kann.

Zeit ist Geld – wie die Vernichtung ökonomisiert wurde

Die Frage der „Endlösung" lautete nicht nur: Wie bringt man 11 Millionen Menschen um? Sondern: Wie bringt man 11 Millionen Menschen möglichst effizient, d. h. schnell und kostengünstig, um?

Der Plan dazu sah, sehr vereinfacht, folgendermaßen aus:

Um die deutsche Bevölkerung nicht mit dem direkten „Akt des Tötens" zu konfrontieren und so möglicherweise doch moralische Skrupel und Widerstand zu wecken, musste das direkte Töten ausgelagert werden. Hierzu wurden Gebiete im Osten ausgewählt, die unter deutscher Herrschaft standen, allen voran Polen mit Auschwitz, dem größten Vernichtungslager. Allerdings gab es eine Vielzahl kleinerer Vernichtungs- und Arbeitslager, insgesamt 24 Hauptlager und über 1000 Nebenlager. Auch auf deutschem Gebiet gab es unzählige Konzentrationslager, allerdings nicht mit dem primären Ziel, zu vernichten – was nicht bedeutet, dass diese Lager wesentlich besser gewesen wären.

Jetzt stellte sich die Frage nach dem Transport in diese Lager im Osten. Anfänglich wurden die Menschen noch in Personenzügen transportiert – auch eine Maßnahme, um allem einen normalen, zivilisierten Anstrich zu verleihen.

Aber bald kamen Viehwaggons zum Einsatz. Sie waren einfach effizienter.

Den Transport bezahlten die Menschen selbst, indem sie vorab gezwungen wurden, ihren Besitz dem Staat zu überschreiben. Es entstanden keine Kosten, sondern noch zusätzliches Vermögen für den Staat, und alles hatte seine bürokratische Ordnung.

Während des Transports waren keine Versorgung mit Nahrung und Flüssigkeit, keine sanitären Einrichtungen oder Schlafmöglichkeiten vorgesehen. Wiederum keine Kosten.

Angekommen im Lager, wurden die Menschen in *arbeitsfähig* und *nicht arbeitsfähig* aufgeteilt: Arbeitsfähige Menschen konnten dem System noch bis zu ihrem Tode nützlich sein und wurden auf deutschem Gebiet auch an Firmen entliehen. So erwirtschafteten Staat und private Firmen in äußerst lukrativer Kooperation hohe Einnahmen und Gewinne.

Dadurch, dass die arbeits*un*fähigen Menschen – insbesondere Kinder, Alte und Kranke – gleich nach ihrer Ankunft vergast wurden, sparte man zusätzlich Kosten für die Unterbringung und Versorgung. Um die notwendige Ruhe zu bewahren, damit die Abläufe nicht gestört wurden, stand an den Gaskammern „Duschen zur Desinfektion".

Nicht zu vergessen ist die Nutzung der Ressourcen, die die Menschen noch am oder im Leib trugen. Erinnern Sie sich an die Fotos von Bergen aus Brillen, Schuhen und abrasierten Haaren? Auch Goldzähne und Prothesen wurden nach der Vergasung entfernt, um sie zu verwerten.

Vergasen wurde im Laufe der Planungen als effizienteste Tötungsart befunden, da der Vorgang des Erschießens zu lange dauerte, eine relativ teure Ressource verbrauchte und nicht immer beim ersten Schuss zum Tod führte. Dadurch bestand das Risiko, dass sich einzelne Menschen hätten retten, zu unliebsamen Zeugen werden und sich zukünftig fortpflanzen können.

Die Vorteile von Vergasung hingegen lagen auf der Hand: Die Ressource Gas war günstiger als Munition, und viele Menschen konnten innerhalb von nur 15 Minuten getötet werden.

Eine einfache Rechnung in diesem Zusammenhang:

Auf 1 qm finden acht Menschen Platz. Bunker I im KZ Birkenau hatte beispielsweise eine Fläche von 90 qm. Ergo: 90 x 8 = 720 Menschen in einem Vergasungsvorgang. Wenn viele Kinder dabei waren, auch mehr.

Es gab auch eine menschliche Komponente, weshalb man sich für die Vergasung entschieden hatte. Die seelische Belastung des deutschen SS-Personals wurde minimiert, weil es die umfangreichen Tötungen nicht unmittelbar selbst mit einer Waffe in der

Hand vornehmen, sondern, vereinfacht gesagt, nur auf einen Knopf drücken musste.

Die Verwertung und der Transport der Leichen nach der Vergasung zu den Krematorien – ebenfalls die effektivste Form der Leichenentsorgung – war dann auch gar nicht mehr Aufgabe der Lager-SS, sondern wurde von meist jüdischen Lagerhäftlingen in sogenannten Sonderkommandos übernommen. Wieder ein eindrucksvoller Euphemismus dafür, dass ein Mensch gezwungen wird, seine eigenen Leidensgenoss*innen, Freund*innen oder auch Familienmitglieder zu entsorgen.

Übrigens: Wo man keine Krematorien zur Verfügung hatte, aber die Massen der Toten nicht einfach vergraben konnte, weil die Faulgase zu sehr stanken, errichtete man sogenannte Verbrennungsgruben für Leichen. Verbrennungsgruben hatten ca. 30 m Länge, 7 m Breite und 3 m Tiefe.

„Dabei wurden abwechselnd Holz und Leichen aufeinander geschichtet. […] Von vielen Häftlingen des Sonderkommandos wurde berichtet, dass an den Enden der Verbrennungsgruben Vertiefungen waren, in die über eine mittig angelegte Rinne das Fett der Leichen hineinfloss. Dieses wurde mittels an Stangen angebrachter Eimer herausgeschöpft und als Brennstoff über die Leichen gegossen. Dieses Rinnensystem hatte Hauptscharführer Otto Moll erdacht, und er gab beim Anlegen der Verbrennungsgruben genaue Anweisungen, wo und wie die Rinnen und Vertiefungen angelegt werden mussten. So sollte offensichtlich die

Verbrennung beschleunigt und der Bedarf an Brennholz reduziert werden.[14]"[13]

Effektiv. Deutsche Ingenieurskunst.

Nachdem ich das hier geschrieben habe, möchte ich mich wieder am liebsten übergeben. Und Sie?

Wussten Sie das alles noch? Oder wussten Sie das alles schon? Es tut mir leid, dass unser erster Reisehalt so furchtbar ist. Er ist aber, wie ich finde, absolut notwendig, um zu verstehen, warum die Schuld noch da ist und warum wir selbst immer noch in den nachfolgenden Generationen davon betroffen sind. Sechs Millionen Menschen – getötet mit den typisch deutschen Tugenden Sachlichkeit, Ordnung und Zeitplanung. Das ist unser Trauma. Wir müssen es ansehen, um es zu überwinden.

2.2 Schuld eingestehen: typisch deutsch

Deutschland ist weltweit einzigartig, weil es die Schuld des Holocaust eingestanden hat.

Das ist der zweite Grund, warum das Thema immer noch so präsent ist.

13 Wikipedia (2022a).

Selbstverständlich ist es fraglich, ob dieses Eingeständnis angesichts des verbrecherischen Ausmaßes wirklich so „besonders" ist oder nicht vielmehr das Mindeste, was geschehen musste. Fraglich ist auch, *wer* hier aus welchen Motiven Schuld eingestanden hat. Kam es dadurch wirklich zu wahrhaftiger Wiedergutmachung gegenüber den Opfern?

Ich bin hier der Meinung: Nein, natürlich nicht. Wie sollte so ein Verbrechen zu vollständiger Wiedergutmachung kommen? Zunächst geschah auch vielmehr das Gegenteil, denn nach dem Krieg wurde lediglich eine verschwindend geringe Minderheit der Täter*innen tatsächlich auch für ihre Taten juristisch belangt.[14]

Warum das unter anderem so war, fasst der Autor James Hawes in seinem Buch *Die kürzeste Geschichte Deutschlands* zusammen:

„Plötzlich blickten alle in die Zukunft. Doch wie konnte das Land moralisch und politisch vorankommen, wenn jede Firma, die überlebt hatte, notwendigerweise ihren Frieden mit den Nationalsozialisten gemacht haben musste? Wie konnte man eine Nation heilen, deren Ärzte fast zur Hälfte Mitglieder der NSDAP gewesen waren? Wie sollte man ein Volk umerziehen, in dem 10 Jahre lang alle Universitätsprofessoren neben Kollegen gearbeitet hatten, die *Rassenlehre* unterrichteten? Die Antwort war ganz einfach, sowohl für Truman als auch für Stalin: Es wurde zugelassen, dass

---

14 Bitte lesen Sie zu diesem Thema unbedingt Achim Doerfer (2021): *„Jemand musste die Täter ja bestrafen." Die Rache der Juden, das Versagen der deutschen Justiz nach 1945 und das Märchen deutsch-jüdischer Versöhnung.*

sich, abgesehen von den schlimmsten Verbrechern, über alle ein Schleier des Vergessens legte.“[15]

Kaum Bestrafung der Täter, keine Wiedergutmachung für die Opfer

Die absurde Situation zu der Zeit kurz nach 1945 bestand darin, dass die meisten Mörder*innen und Mitmacher*innen nicht bestraft wurden. Grund war, dass man die Masse schlichtweg nicht bearbeiten konnte und auch nicht wirklich wollte, denn diese ehemaligen Täter*innen wurden als Arbeitskräfte zum wirtschaftlichen Wiederaufbau Deutschlands benötigt. Die Justiz kam also bei der Verfolgung der NS-Täter*innen nur sehr zögerlich voran. Vieles blieb ungesühnt, u. a. aufgehalten von zwar notwendigen, aber äußerst langwierigen Debatten.

Diese Praktik bedeutete für die Opfer und ihre Nachkommen keine Wiedergutmachung, wie sie jedoch sehnlichst erhofft worden war.

Dieser Zustand war allerdings für die Opfer Realität im Nachkriegsdeutschland, und in den Köpfen der Deutschen war der Antisemitismus, der „Judenhass“, noch fest verankert. Kein Wunder, nach zehn Jahren vermeintlicher Wahrheit, Rechtschaffenheit und arisch überlegenem Selbstbild.

15 Hawes (2018).

Das heißt: Der blinde Hass auf „die Juden" war keineswegs durch das Kriegsende und den Zusammenbruch des Nationalsozialismus verschwunden. Er wirkte weiterhin, sehr begünstigt durch den besagten Schleier des Vergessens, der über die Verbrechen gelegt wurde. Hass bedeutet für die Gehassten, dass sie in Gefahr sind. Auch nach 1945 brannten Synagogen, wurden Friedhöfe geschändet, Menschen ermordet. Auch heute ist die Gefahr für Jüdinnen und Juden immer noch Realität, ob wir das nun wahrnehmen und anerkennen wollen oder nicht.

Vor Kurzem war ich das erste Mal in meinem Leben in einer Synagoge zum Shabbat-G'ttesdienst[16]. Ich habe natürlich inhaltlich nichts verstanden, da ich kein Hebräisch spreche, aber die spirituelle Energie währenddessen habe ich als sehr angenehm empfunden. Allerdings hat mich eine Sache sehr erschreckt, nämlich das Polizeiaufgebot und die zum Schutz dauerhaft gesperrte Straße vor der Synagoge. Mir wurde klar: Das macht man auf keinen Fall, wenn es nicht notwendig ist.

Erst im Oktober 2020 wurde ein jüdischer Student vor ebendieser Synagoge von hinten mit einem Spaten auf den Kopf geschlagen und dabei schwer verletzt.

Keine Kirche, keine Moschee, kein buddhistischer Tempel in Deutschland muss so bewacht werden. Ich war nur kurz ein kleiner Teil dieser jüdischen Gemeinschaft, aber wenn diese Gemeinschaft

---

16 Ich schreibe in diesem Zusammenhang das Wort G'tt ohne o aus Respekt vor dem jüdischen Glauben, der dies ebenso aus Respekt vor Gott so praktiziert.

just an diesem Tag angegriffen worden wäre, wäre ich darunter gewesen.

Es geht mir nicht darum, im Nachhinein einen kleinen Sensationsschauer zu haben oder Ihnen zu zeigen, wie mutig ich doch gewesen bin. Es geht mir darum, dass wir uns in die Perspektive – nicht nur, aber erst einmal – von Jüdinnen und Juden versetzen, um besser *nachfühlen* und *verstehen* zu können. Nur wenn wir uns in die Situation eines anderen Menschen hineinversetzen, können wir auch verstehen.

Auch hier muss ich gestehen, dass meine Erkenntnis, dass jüdisches Leben in Deutschland immer noch gefährdet ist, sehr spät kommt. Zu meiner Verteidigung: Vom Verstand her war es mir bewusst. Ich wusste, dass Synagogen und andere jüdische Einrichtungen polizeilich bewacht werden – und das aus guten Gründen. Außerdem sind Informationen darüber überall im Netz erhältlich.

Bei Wikipedia gibt es eine lange Liste, die alle antisemitischen Anschläge nach 1945 chronologisch aufzeigt, darunter einzelne Misshandlungen von Menschen oder Schändungen von Friedhöfen und Gedenkstätten. Der letzte große Anschlag, der viele Opfer verursachen sollte, war 2019 der Angriff auf eine Synagoge in Halle, während eines G'ttesdienstes zu Jom Kippur, einem hohen jüdischen Fest.

Das alles wissen wir, aber etwas mit dem Verstand zur Kenntnis zu nehmen, ist völlig anders, als diese Informationen in unser Herz zu lassen und sie zu fühlen. Das tut man normalerweise nicht, weil für das eigene Überleben keine Notwendigkeit besteht. „Es betrifft mich nicht, ich bin nicht in Gefahr, also brauche ich mich damit nicht oder nur am Rande zu beschäftigen."

Es ist aber wichtig! Denn nur wenn wir die Menschen um uns verstehen, können wir alle in Frieden leben. Ich weiß, das hört sich nach einer abgedroschenen Phrase, nach einer pathetischen Plattitüde an; tausendmal gehört, tausendmal ist nichts passiert. Aber die Wahrheit und Wirksamkeit liegt ja nicht in einer Aussage, sondern in dem, wie man sie in der eigenen Lebenswelt – im eigenen Tanzbereich, wenn Sie so wollen – umsetzt. Das ist schwierig, denn wir scheitern ja schon so oft an den Menschen, die uns nahestehen.

Deshalb müssen wir unser Mitgefühl so lange üben, bis es zur selbstverständlichen Praxis geworden ist!

An dieser Stelle möchte ich auf ein Missverständnis hinweisen, das mir in meinen Seminaren manchmal begegnet, wenn ich für – übrigens gegenseitiges (!) – Verständnis werbe:

Ich muss auf keinen Fall für alles und jeden Verständnis haben, bloß weil es Menschen aus einer anderen Kultur oder eines anderen Geschlechts, Alters, einer anderen Nation oder was auch immer sind.

Hier gilt die einfache Regel: Jeder muss sich an geltendes Recht halten. Ich verlange selbstverständlich nicht, dass jemand z. B. Verständnis für Gewalt oder andere Verbrechen hat. Ich sage lediglich, dass wir uns in die Situation von anderen versetzen müssen, um bestmögliches Verständnis und damit auch Verständigung entwickeln zu können.

Verständnis wirkt auch schon im ganz Kleinen, z. B. wenn wir an der Supermarktkasse eine Mutter mit schreiendem Kind sehen, die dann auch noch feststellen muss, dass sie ihr Portemonnaie zu Hause vergessen hat …[17] Anstatt sich dann darüber aufzuregen, dass wir jetzt Zeit verlieren, weil der Einkauf storniert werden muss, hilft ein Perspektivwechsel. Der zeigt uns sofort, dass diese Mutter in jedem Fall mehr Belastung hat in dieser Situation als die Wartenden.

Übrigens: Wenn wir uns in Perspektivwechsel und Mitgefühl üben, dann ist das auch besser für uns! Jemanden zu verurteilen (die Mutter hält mich mit ihrem Verhalten auf!) bedeutet Ärger, und Ärger bedeutet Stress für die Person, die sich ärgert. Also mich.

Zu diesem Thema habe ich einmal einen sehr schönen Spruch gehört:

– Wenn du jemanden nicht magst,
dann hast du ihn noch nicht verstanden. –

Ich selbst verwende in meinen Seminaren den Leitsatz:

Jedes Verhalten hat einen Grund!

---

17 Gleiches gilt natürlich auch für Väter und generell alle Menschen mit Kind.

Außerdem gibt es auch immer noch einen Unterschied zwischen „Ich kann jemanden verstehen" und „ich finde in Ordnung, was er tut". Das heißt, ich kann vielleicht verstehen, warum jemand gewalttätig wird (vielleicht ist sie oder er provoziert worden oder wollte jemanden verteidigen), aber das heißt *nicht,* dass ich es automatisch gutheiße. Aber dazu mehr in Kapitel 5.2.

Damit wir aber dazu in der Lage sind, unser Gegenüber zu verstehen, und in Gesprächen nicht nur Plattitüden abstauben, finde ich, dass es eins braucht:

Wir müssen uns auf Positives konzentrieren!

Trotz allem, was passiert ist: Die Erinnerungskultur und der Wille zur Aufarbeitung sind in Deutschland da, und das ist gut.

Wissen Sie, warum es Prozesse gegen mutmaßliche Naziverbrecher*innen gibt, die hochbetagt oft kaum ihrer Verhandlung folgen können?

Diese Prozesse sind das Ergebnis einer äußerst langwierigen Debatte darüber, ob Mord nach 20 Jahren verjährt bleiben soll oder nicht. Die Entscheidung fiel 1979 *gegen* eine Verjährung, d. h., egal, wann der Mord passiert, Mörder*innen bzw. Helfer*innen können ein Leben lang dafür verurteilt werden.

Vielleicht erinnern Sie sich an ein paar wenige, spektakuläre Prozesse gegen Naziverbrecher*innen, über die hin und wieder in den Medien berichtet wurde? An diese Prozesse, in denen Menschen, die, weit über 90 Jahre alt, im Rollstuhl in die Gerichtssäle gefahren wurden und nach der Verurteilung ihre Haftstrafe aufgrund ihrer Gebrechlichkeit meist nicht antreten konnten?

Die letzten fanden 2020 gegen den KZ-Wachmann Bruno Dey und 2021 gegen die KZ-Sekretärin Irmgard Furchner statt, die zunächst per Taxi aus ihrem Pflegeheim geflüchtet war.[18]

Die Entscheidung gegen eine Verjährung von Mord ist Teil der Aufklärung und ein deutliches Zeichen für die Aufarbeitung der Verbrechen im Nationalsozialismus. Egal, wann das Verbrechen passierte, es soll aufgeklärt, zur Anklage gebracht werden, denn das Argument „Es ist doch schon so lange her" ist kein Argument, sondern eine Entschuldigung, eine Absolution für die Täter*innen. Für die Opfer ist es ohnehin nur Hohn: „Ihr Vater, Ihre Großmutter, Ihr Sohn wurden ermordet? Ach, das ist doch schon so lange her."

Deswegen war diese juristische Entscheidung so wichtig für die Aufklärung und Wiedergutmachung in Deutschland. Und deshalb hat sie auch so lange gedauert, weil es natürlich viele Menschen gab, die an einer strafrechtlichen Verfolgung überhaupt nicht interessiert waren und hofften, das Ganze „aussitzen" zu können. Gott sei Dank langfristig ohne Erfolg. Ich finde es wichtig, das als Leistung der deutschen Aufarbeitung anzuerkennen.

---

18 Speit (2021).

Die Verbrechen gegen die Menschlichkeit während des Holocaust werden außerdem in einer intensiven Erinnerungskultur wachgehalten. Es gibt Gedenktage, -orte und -veranstaltungen. Es gibt politische Reden, in denen immer wieder gegen das Vergessen gemahnt wird. Es gibt eine unendliche Zahl an Büchern, Dokumentationen und Filmen über den Holocaust. Wissenschaftliche Untersuchungen und persönliche Geschichten, Biografien von Überlebenden und deren Nachkommen, von Täter*innen und ihren Nachkommen. Es werden immer wieder auch die Geschichten von großen Wirtschaftsunternehmen in Deutschland auf ihre Vergangenheit im Nationalsozialismus hin untersucht. Es gibt Studienreisen an viele bedeutsame Orte wie Auschwitz, Birkenau oder Bergen-Belsen, in deren Verlauf man tief eintauchen kann in die Vergangenheit. Nicht zuletzt ist der Nationalsozialismus fester Bestandteil in den meisten Lehrplänen an deutschen Schulen.

Ich halte an dieser Stelle noch einmal fest:

Das Eingeständnis von Deutschland, einen Völkermord begangen zu haben, und das relativ zeitnah, ist weltweit wahrscheinlich einzigartig.

Das bedeutet nicht, dass andere Nationen keine Schuldeingeständnisse gemacht hätten. Es gibt hierfür einen Begriff, auf den ich bei meinen Recherchen gestoßen bin: der „Memory-Boom“, der nach dem Zusammenbruch der Sowjetunion 1989 begann. Im Zuge dessen waren immer mehr Nationen bereit, ihre eigene Geschichte nicht als die der „Helden“ zu erzählen, sondern mehr und mehr die Folgen für die Opfer dieser Heldengeschichten anzusehen und darüber zu sprechen.

Es gibt viele Beispiele, in denen sich aktuelle Politiker*innen für Verbrechen entschuldigen, die unter ihren Vorgänger*innen begangen wurden.

Ich erinnere mich an die Zeit, als ich 1998 das erste Mal in Guatemala war. Bill Clinton war ebenfalls vor Ort, um sich für die Morde an den Maya im Bürgerkrieg von 1960 bis 1993 zu entschuldigen. Die USA hatten die gesamte Zeit die Militärdiktatur im Land unterstützt, die ihre eigene Bevölkerung, die Mayas, aufs Grausamste verfolgte und ermordete.

Wie gesagt: Nicht nur nach meiner Einschätzung ist dieses deutsche Schuldeingeständnis und das daraus resultierende Schuldgefühl einzigartig. Denn auch wenn in anderen Nationen offiziell Eingeständnisse gemacht wurden, so erfolgte dies zu einer Zeit meist weit nach den eigentlichen Taten und hatte auch keinen nennenswerten Einfluss auf den kollektiven Nationalstolz der einzelnen Länder.

Weiterhin bin ich der Meinung, dass das Argument „Unter Stalin wurden genauso viele Menschenleben vernichtet wie unter Hitler" nicht zählt. Es ist für mich unerheblich, da ich grundsätzlich der Meinung bin, dass eine Schuld eingestanden werden muss, damit Versöhnung stattfinden kann. Und dann ist es vollkommen egal, ob jemand anderes das nicht so macht. Das wäre sonst so, als ob man sagen würde: „Schau mal, der hat jemanden umgebracht und sagt auch nicht, dass er schuldig ist."

Es ist schlicht kein Vorbild, da eine Schuld nicht durch eine andere relativiert werden kann.[19]

Auch Italien, Spanien und Japan, die im Zweiten Weltkrieg auf der Seite Deutschlands standen, haben es geschafft, ihre Schuld nicht eingestehen zu müssen. Ich denke, das liegt daran, dass der Fokus selbstverständlich auf Deutschland als Hauptaggressor lag und die Entnazifizierung schon hier schwierig und langwierig genug war. Alle Mitläufer*innen und Verbündeten konnten sich so einer größeren Konfrontation mit der eigenen Schuld entziehen und haben diese Möglichkeit auch genutzt, denn: Wer Schuld eingesteht, macht sich angreifbar – und muss zahlen.

„Zahlen müssen" ist ein Punkt, der meines Erachtens zu äußerst hitzigen Diskussionen führen kann, denn bei Geld hört ja so manches auf …

Ich möchte dazu nur so viel sagen:

Weder die gerechtfertigte Höhe noch die Dauer von Entschädigungszahlungen vermag ich zu beurteilen. Sicher bin ich mir nur bei einem – und zwar, dass man erlittenes Leid selten mit Geld wiedergutmachen, nur mehr oder weniger lindern kann. (Die USA

19 Falls Sie es ganz genau wissen wollen: Man nennt diese Art der Argumentation „Whataboutism" (von „what about", übersetzt: aber was ist denn mit …).

bilden da mit ihren Millionenzahlungen bei zu heißem Kaffee vielleicht eine Ausnahme …)

Überlegen wir mal:

Wie viel soll es denn kosten, dass Mitglieder meiner Familie vertrieben, ausgeraubt und getötet wurden? Oder dass ich selbst im Konzentrationslager war?

Wie viel soll ich für meine Traumatisierung, meine Verzweiflung und den Verlust von emotionaler und materieller Sicherheit bekommen?

Ich kann mir mit Geld kein Glück und psychische Gesundheit kaufen, ich kann nur meine Lebensverhältnisse verbessern. Deshalb sind Entschädigungszahlungen für mich eher eine symbolische Geste, die oft noch nicht einmal zustande kommt. Ich habe kürzlich von einer Jüdin gehört, deren Vater durch die erlittene Misshandlung im Dritten Reich arbeitsunfähig war, aber absurderweise die bürokratischen Voraussetzungen für Entschädigungszahlungen oder eine ausreichende Rente nicht erfüllte.

Regen wir uns also bitte nicht über Opferentschädigungen auf, denn sie sind sowieso zu niedrig. Wir sollten vielmehr überlegen, wie wir so viel Geld wie möglich an Menschen weiterleiten können, die durch vergangenes Unrecht noch in der Gegenwart zu leiden haben. Und vergessen wir bitte auch nicht, dass der Nationalsozialismus die größte Umverteilung von Besitz in der

Geschichte veranlasst hat und viele *unserer* Familien und als Folge dessen auch wir – direkt oder indirekt – davon profitiert haben!

In Diskussionen zum Thema „Schuld eingestehen" höre ich aber auch oft, dass die meisten Täter*innen von damals ja gar keine Schuld eingestanden hätten. Im Gegenteil, sie schwiegen. Viele Menschen, die sich mit Täter*innen in ihrer Familie beschäftigt haben, berichten von diesem Schweigen auch in den nachfolgenden Generationen. Es gibt zahllose Bücher zu diesem Thema mit dem Wort „Schweigen" im Titel.[20] Auch in meiner Familie wurde zum Thema Schuld entweder geschwiegen oder relativiert.

Ist das nicht ein Widerspruch zu der Aussage, dass Deutschland die eigene Schuld eingestanden hat und damit einzigartig ist?

Nein, denn wir haben es mit zwei verschiedenen Ebenen von Verarbeitung der Vergangenheit zu tun: auf der einen Seite die offizielle, politische Ebene mit der Erinnerungskultur, die ich hier beschreibe, und auf der anderen Seite die private Ebene, die unserer Familien.

2.3 Erinnerung in der Familie: Opa war kein Nazi. Oder?

Es gibt eine qualitative[21] Mehrgenerationenstudie aus dem Jahr 2002, die zeigt, dass Erinnerung an die NS-Zeit und den Holo-

---

20 Senfft (2019).

21 Bei der qualitativen Datenerhebung werden detaillierte, subjektive und individuelle Erkenntnisse über Einstellungen und Handlungen ermittelt. →

caust in Familien offensichtlich völlig anders funktioniert als die offizielle, staatlich betriebene Erinnerungskultur.

Im Zuge der Studie „Tradierung von Geschichtsbewusstsein" wurden 142 Gespräche mit Angehörigen deutscher Familien geführt. Man wollte erfahren, an was sich „ganz normale Deutsche" aus der NS-Vergangenheit erinnern und was davon an die beiden nachfolgenden Generationen weitergegeben wird.

Das Ergebnis:

Knapp 50 Prozent der befragten Nachkommen der Tätergeneration gaben an, dass ihre Angehörigen dem Naziregime ablehnend gegenüber gestanden, mehr noch, einen gewissen Widerstand geleistet hätten, z. B. „Menschen nicht verraten", „Juden versteckt oder geholfen" oder „Anweisungen nicht befolgt". Dieses Ergebnis widerspricht natürlich ganz massiv der Wirklichkeit, in der eine solche Einstellung der Bevölkerung niemals zum Holocaust hätte führen können.

Wie kommt es aber zu so einer verzerrten Erzählung von Geschichte, wenn doch die Gräuel der Nazizeit nach dem Ende so gründlich aufgeklärt wurden wie nirgendwo sonst?

Im Gegensatz dazu stehen quantitative Methoden, z. B. Messungen, Zählungen, Analyse statistischer Daten, die eine hohe Anzahl von Daten berücksichtigen. Kritisch an qualitativen Untersuchungen ist, dass sie nicht repräsentativ sind. Ich zitiere diese Studie trotzdem, weil sie meine eigene Erfahrung im Umgang mit der NS-Vergangenheit widerspiegelt und auch die vieler Menschen in meinem Umfeld.

Die erstaunliche Antwort: Gerade deswegen.

Gerade weil die Verbrechen absolut zu verurteilen waren und sind, weil es kaum Worte für das entstandene Grauen gibt, war und ist das Bedürfnis der Nachkommen der Tätergeneration teilweise immer noch so groß, ihre eigenen Familien im Nachhinein davon zu distanzieren.

Bei diesem Phänomen spielt ein äußerst wirksamer psychologischer Mechanismus eine Rolle: Kinder entwickeln zu ihren Eltern – bedingt durch die unmittelbare Abhängigkeit – eine äußerst intensive Loyalität. Wenn das Kind eines Mitarbeitenden im KZ nun erfährt, dass dieses Elternteil selbst Kinder getötet hat, so kann man sich vorstellen, wie groß der daraus entstehende Konflikt, mehr noch, dieses Trauma, ist.

Um diesen traumatisierenden Umstand trotzdem in das eigene Leben zu integrieren, kommt es oft dazu, dass auch besonders in der Enkelgeneration die Taten der Großeltern im Nachhinein als regimekritisch dargestellt werden:

„Die Tendenz zur Heroisierung der Großelterngeneration zeigt in aller Deutlichkeit die gar nicht zu überschätzende Wirkung, die von Loyalitätsbindungen an geliebte Menschen auf das Geschichtsbewusstsein und auf die jeweiligen Vergangenheitskonstruktionen ausgeht."[22]

Enkel*innen haben zudem ihre Großeltern nicht aktiv in oder kurz nach der NS-Zeit erlebt und hatten keinen belastenden Nachkriegsalltag mit ihnen. Sie haben also eher die liebenden Großeltern kennenge-

22 Welzer, Moller & Tschuggnall (2002).

lernt, deren Bild sich in gewisser Weise noch schlechter mit dem von Mitarbeitenden in Konzentrationslagern vereinbaren lässt als das von *Kindern,* die auch kritische Dinge mit ihren Eltern erlebt haben.

Der Titel des Buches, das die Ergebnisse der Untersuchung zusammenfasst, bringt jedenfalls viele der Aussagen von Nachkommen auf den Punkt: Opa war kein Nazi.

Erstaunlicherweise ergab die Untersuchung auch, dass gar nicht unbedingt die Menschen, die selbst in der NS-Zeit gelebt haben, ihr eigenes Verhalten als regimekritisch oder heldenhaft beschrieben hätten. Vielmehr finden sich in den Aufzeichnungen oft Äußerungen wie „Das war meine schönste Zeit" und „In der HJ[23] erlebten wir echte Gemeinschaft".

Genau solche Äußerungen kenne ich auch von meiner Großmutter und habe immer darüber gestaunt, wie selbstverständlich sie diese als legitim ansah. Sie war frei von jeglicher Reflexion darüber, was der BDM[24], in dem sie tätig war, oder die HJ, in der ihr Mann Scharführer war, für Funktionen hatte. Es zählte für sie nur dieses wunderbare Gefühl der Gemeinschaft, und sie hätte als Chorleiterin ja auch niemals politische Lieder gesungen …

Meine Großmutter (Jahrgang 1913) und viele andere ihrer Generation sahen im Nachhinein gar keinen Grund, ihr Verhalten vor irgendjemandem zu rechtfertigen. Das System war in ihren Augen nun mal

23 Hitlerjugend.

24 Bund deutscher Mädel.

so, und sie selbst konnten nichts dafür, dass Jüdinnen und Juden verfolgt und umgebracht wurden.

Erst die Erinnerungsgeschichten der Kinder und dann verstärkt die der Enkel*innen gaben dem Handeln der Großeltern im NS-Regime nachträglich eine Rechtfertigung. Überlegungen wie: „Die wurden ja alle zum Gehorsam gedrillt“ oder „Wer weiß, was passiert wäre, wenn die was gesagt hätten“ zeigen, wie sehr die Nachkommen der NS-Generation – mich eingeschlossen! – das Verhalten ihrer Vorfahren rechtfertigen oder erklären wollen und es damit aber auch relativieren.

Ein Dilemma, das mir in meinem sehr engen Verhältnis zu meiner Großmutter nur allzu bekannt ist und auch das Verhältnis von meiner Mutter zu ihr sehr belastet hat. Im Spannungsfeld zwischen kindlicher Loyalität und Liebe auf der einen und Kritik und Anschuldigung auf der anderen Seite, entscheidet man sich irgendwann. Meist für den Weg des geringsten Widerstands, und das ist eben, *keine* Kritik zu üben, sondern zu rechtfertigen oder – am vermeintlich einfachsten – zu schweigen.

Erschwerend für den kritischen Weg kommt dann hinzu, dass einem in diesem Fall viel Widerstand entgegenschlägt.

Als ich anfing, dieses Buch zu schreiben, dachte ich, alles über die Täterseite zu wissen, da ich ja selbst daher kam. Dann aber lernte ich Menschen kennen, deren Eltern und Großeltern als Nazis noch ganz andere Taten begangen hatten. Die als Ärzt*innen mit Menschen experimentiert, Zwangssterilisationen vorgenommen oder unzählige

Tötungsbefehle unterschrieben und in Konzentrationslagern alles gesehen und gebilligt hatten.

Mir wurde klar, dass ich im Vergleich dazu eine nahezu harmlose Familiengeschichte habe und durch dieses Buch auch keine Sanktionen von meiner Familie befürchten muss. Ganz anders als Nachkommen von Täter*innen, wie ich sie eben beschrieben habe.

Menschen, die die Schuld ihrer Großeltern oder Eltern offen aussprechen, leiden nicht nur unter den furchtbaren Taten ihrer Vorfahren, sondern werden allzu oft auch von ihren Verwandten als „Nestbeschmutzer" gebrandmarkt, ausgeschlossen oder bestraft.

Kein Wunder, dass es immer noch so viel Schweigen gibt, abgesehen davon, dass viele Menschen natürlich auch lieber nicht so genau wissen wollen, was in der Familie in der Vergangenheit geschehen ist.

Stattdessen tritt oft etwas anderes in den Vordergrund: das Leid der eigenen Vorfahren im Krieg und der entbehrungsreichen Zeit danach.

Auch in der Untersuchung über die Erinnerungen in deutschen Familien spielt dieses Phänomen in den Aussagen der Nachkommen eine große Rolle. So geben ca. 65 Prozent an, dass ihre Angehörigen im Krieg viel erlitten hätten. Hier wird versucht, das große Fragezeichen, das nach dem Holocaust im Raum stand und steht, mit Erzählungen eigener Kriegsgeschichten zu verdrängen.

Auch das kenne ich aus Gesprächen mit meiner Großmutter, die immer wieder vom Tod ihres Mannes und ihrer zweiten Tochter erzählte.

Dieses Verhalten ist nicht nur nachvollziehbar, sondern war in meinen Augen auch moralisch nicht zu kritisieren. Wer war ich schon, dass ich die Trauer meiner Großmutter über den Tod ihrer Tochter und ihres Mannes hätte infrage stellen können?

Allerdings ist dieses Verhalten auch gefährlich, denn es begünstigt zum einen die Annahme, dass man „eh nichts tun kann", und verdrängt die psychischen Folgen, die eine solche Familiengeschichte haben kann. Zum anderen bedeutet ein Rechtfertigen oder Relativieren, dass eine Versöhnung mit den Opfern schwierig oder zumindest auf eine gewisse Art unvollständig ist.

Paradox ist zudem das Phänomen, dass es ebenso viele Mitglieder der Kriegs- und Nachkriegsgeneration gab, die ihre Erlebnisse eben *nicht* thematisiert, aufgearbeitet und betrauert haben. Dadurch konnte auch kein Betrauern des Leids der Verfolgten stattfinden, sondern lediglich ein großes Verdrängen aller schrecklichen Erlebnisse – ein weiteres Schweigen.

Die Absurdität der offiziellen Erinnerungskultur, die möglichst umfassend über die NS-Zeit aufklären wollte und will, besteht also darin, dass sie in den Familien genau das Gegenteil bewirkt hat. Statt die eigene Verantwortung zu hinterfragen, haben viele Familienmitglieder in Deutschland entweder gemeinsam geschwiegen oder an einer Version der Geschichte gearbeitet, die von der Verantwortung für die Geschehnisse in der NS-Zeit ablenkt oder sie sogar davon freispricht. Stattdessen wurde und wird oft das eigene Leid in den Vordergrund gestellt und mit dem Trauma der verfolgten Jüdinnen und Juden entweder gleichgesetzt oder zumindest verglichen.

Schweigen und Schuldgefühle auf der Seite der Opfer

Mir war früher nicht klar, dass Schweigen und Schuld auch auf der Seite der Jüdinnen und Juden ein Thema ist. Allerdings erscheint es mir nun bei genauerer Betrachtung nur logisch.

Wer erzählt schon seinen Kindern davon, dass die Großeltern im Lager vergast wurden? Die Geschwister erschossen? Oder Freund*innen auf den Todesmärschen vor Erschöpfung starben? Kein Wunder, dass es auch in jüdischen Familien ein großes Schweigen gab. Die Holocaust-Überlebenden wollten ihre Kinder und Enkel*innen nicht belasten und auch selbst nicht so unendlich schmerzlich erinnert werden.

Vor Kurzem hatte ich ein ausführliches Gespräch mit Susan, einer Jüdin, deren Eltern 1938 aus Wien in die USA geflüchtet waren. Sie selbst wuchs in Amerika auf und erinnert sich, dass das Verfolgungstrauma ihrer Eltern für sie ebenfalls spürbar war. Ihr Vater war kaum zu Hause, und in der Familie gab es oft Streit. Ihre Mutter fühlte immer, wie sie es nannte, „a monkey on my back" (im übertragenen Sinne: eine Last auf den Schultern fühlen). Irgendwann erfuhr Susan, dass ihre (18-jährige!) Mutter, wie so viele Jüdinnen und Juden, die ins Ausland flüchten konnten, eine Liste von ihrer Familie mitbekommen hatte. Auf dieser Liste standen Namen von Verwandten, die noch in Österreich waren und die sie in die USA nachholen sollte. Sie schaffte es allerdings nicht, alle zu retten. Zwei Onkel, die auf ihrer Liste standen, starben, und Susans Mutter fühlte sich ein Leben lang schuldig. Diese beiden toten Onkel waren die Last, die Susans Mutter trug, obwohl es selbstverständlich nicht ihre Schuld war.

Ich finde, man kann sich leicht vorstellen, wie diese Belastung der Mutter auch auf Susans Kindheit und Leben gewirkt hat.

Susan erzählt weiter, dass sie auch in den USA massiven antisemitischen Vorurteilen ausgesetzt war. Menschen sagten ihr, dass die Juden Christus getötet hätten, und sie erinnert sich daran, dass sie von der Mutter einer Freundin zunächst nach Läusen abgesucht wurde, bevor sie ins Haus kommen durfte – weil sie Jüdin war.

Absurderweise wurde sie aber auch als Nazi beschimpft, weil sie Deutsch sprach. Eine doppelte Diskriminierung und Verletzung des Kindes, was ebenfalls eine Folge der NS-Zeit war.

Mit Deutschen macht Susan hingegen oft die Erfahrung, dass sie sich entweder bei ihr für den Holocaust entschuldigen oder ihr erzählen, dass sie keine Ahnung gehabt hätten, was in der NS-Zeit passiert war. In jedem Fall gibt es eine Reaktion auf ihr Jüdischsein.

Susan empfindet jedoch selbst ebenfalls z. B. Schuld darüber, dass sie sich nicht traute, etwas zu sagen, als sie in Costa Rica in den 1990er-Jahren ein Gespräch zwischen zwei aus Deutschland geflüchteten Nazis mithörte, die weiterhin an der NS-Ideologie festhielten.

Diese Scham darüber, dass man nichts sagt, obwohl man es hätte tun sollen, kennen bestimmt viele von uns. Allerdings ist es ein Unterschied, ob ich mir diesen Vorwurf vor dem Hintergrund meiner Tätergeschichte mache oder vor dem Hintergrund einer Opfergeschichte. Es ist deswegen ein Unterschied, weil ein Opfer die schreckliche Ohnmacht erlebt, in keiner Weise handlungsfähig zu sein. In dem Moment, in dem die

Tat – ein Mensch wird getötet – begangen wird, hat das Opfer keine Wahl. Eine Wahl haben nur die Täter*innen. Deswegen ist das Trauma so viel größer, intensiver und wirkt so entsprechend auch auf das Leben der Opfernachkommen. Das muss uns bei der Beschäftigung mit Schuld und vererbten Traumata immer bewusst sein.

Dürfen unsere Vorfahren und wir im Angesicht des Holocaust nicht über ihr Leid sprechen?

Doch. Das ist sogar absolut notwendig. Allerdings nicht, um von den grauenhaften Geschehnissen abzulenken! Dann findet im Gespräch nämlich keine ganzheitliche Heilung statt, sondern man verharrt im Vertuschen der Opferschicksale und im Lamentieren über das eigene Unglück. Das habe ich jedenfalls bei meiner Großmutter immer so empfunden.

Um ein Trauma zu überwinden, ist es wichtig, dass wir um das trauern, was Schreckliches geschehen ist. Dann kann die Heilung des Traumas beginnen, und neue, positive Kräfte können freigesetzt werden.

Wir müssen darüber trauern, dass so viele Menschen zu Tode gekommen sind und dass unsere Vorfahren sich dazu verführen ließen, dabei mitzumachen.

Wir müssen das gesamte Trauma betrauern, damit wir es dann in der zweiten, dritten oder vielleicht auch erst in der vierten Generation hinter uns lassen können.[25]

25 Bereits im Alten Testament steht übrigens, dass schlechte Taten bis in die dritte oder vierte Generation wirken.

Diesen Prozess, ein Trauma zu überwinden, habe ich selbst lange Jahre durchlaufen, und ich bin fest davon überzeugt, dass wir den gleichen Prozess auf der gesellschaftlichen Ebene durchlaufen. Das bedeutet:

Wir *haben* die Chance auf Versöhnung mit uns selbst und anderen.

Für mich bestehen meine neuen, positiven Kräfte darin, dass ich die absolute Gewissheit habe, dass das Leben immer weitergeht und ich es in der Hand habe, wie es weitergehen soll. Außerdem kann ich andere Menschen und ihr Leid besser verstehen. Ich kann z. B. in meinen Seminaren die psychische Belastung von Menschen, die nach Deutschland migriert sind, nachfühlen und merke, wie viel Erleichterung und Dankbarkeit mir dadurch oft entgegenkommen. Ich kann aber auch den Zwiespalt meiner einheimisch deutschen Teilnehmenden verstehen, wenn es um die eigene Herkunft geht.

Wie sollen wir mit der Schuld umgehen?

Wir haben gesehen, dass wir mit den Folgen der NS-Zeit bewusst oder unbewusst immer noch zu tun haben. Auf der gesellschaftlichen Ebene genauso wie auf der persönlichen. Dieses Phänomen nennt der Psychologe Peter Pogany-Wnendt „transgenerationale Gefühlserbschaften“, also Gefühle, die von Generation zu Generation vererbt werden. Diese Erbschaften gibt es im Hinblick auf die NS-Zeit auf der Opferseite genauso wie auf der Täterseite. Es besteht allerdings durchaus ein Unterschied, ob man eine Gefühlserbschaft von der Opfer- oder von der Täterseite erhalten hat!

Was machen wir jetzt mit dem Wissen, dass unsere Vorfahren Täter*innen waren? Wie können wir mit diesem Widerspruch umgehen, dass geliebte Menschen solche schrecklichen Taten begangen oder gebilligt haben?

Auch dazu hat mir Susan eine interessante Geschichte erzählt, in der ich mich ein wenig wiederfinden konnte.

Als sie selbst in ihren 40ern war, lernte sie eine Deutsche kennen, die mit ihrer Familie in den USA wohnte. Diese Frau erzählte ihr, dass ihr Vater bei der SS[26] gewesen sei. Das hatte sie allerdings erst lange, nachdem er im Krieg gestorben war, herausgefunden. Für sie war diese Information ein riesiger Schock gewesen, weil sie bis dahin ihren Vater als großartigen Menschen in Erinnerung gehabt hatte, und es war für sie absolut unvorstellbar, dass er so schreckliche Dinge getan haben sollte. Als sie in die USA migrierte, beschloss sie, dass sie mehr über jüdische Menschen erfahren wollte. Außerdem suchte sie nach nach therapeutischer Hilfe, um ihr Dilemma zu lösen: einerseits zu wissen, was ihr Vater getan hatte, und ihn andererseits zu lieben, weil er so ein großartiger Vater für sie gewesen war.

Sie fand einen jüdischen Therapeuten, der sich bereit erklärte, mit ihr über das Judentum im Allgemeinen und auch über sich selbst als Juden zu sprechen. Eigentlich ein unprofessionelles Verhalten, weil der Abstand zwischen Klientin und Therapeut nicht gewahrt wurde. Aber für sie war seine Arbeit sehr wichtig und gut, denn er half ihr, eine Geschichte zu entwickeln, die sie befähigte, mit dem Dilemma

26 SS = Schutzstaffel, Elite des NS-Staates, verantwortlich für die Vergasung und Erschießungen in den Vernichtungslagern

zu leben. Der Therapeut konnte ihr vermitteln, dass ihr Vater als *SS-Mann* zwar furchtbare Dinge getan hatte, aber als *Vater* liebevoll und wunderbar war.

Damit sie dieses Phänomen der zwei Persönlichkeiten in einem Menschen wirklich annehmen und in ihre Gefühlswelt integrieren konnte, erfand er mit ihr zusammen eine Geschichte. Erfunden deshalb, weil man sie nicht nachprüfen konnte. Allerdings hätte sie auch wahr sein können, und das nutzten beide für eine Integration des Dilemmas.

Der Vater hatte sich freiwillig zu einem Zeitpunkt an die russische Front gemeldet, als klar war, dass er dort sterben würde. Sein Motiv hätte sein können – und das ist die erfundene Geschichte –, dass er seine Taten gehasst und bereut hatte und mit dieser Schuld nicht mehr leben wollte.

Diese Geschichte und das Phänomen der zwei Persönlichkeiten halfen der Frau, mit ihrem Dilemma, ihrer Gefühlserbschaft auf recht ungewöhnliche Weise umzugehen.

Ich habe mir Ähnliches im Umgang mit meiner Großmutter erlaubt und habe sie ebenfalls in zwei Persönlichkeiten geteilt: die eine, die vom NS-System profitiert hatte, und die andere, die mich sehr geliebt und aufgezogen hatte und die als junge Erwachsene Menschen verloren und sich hatte durchkämpfen müssen. Ich versuche damit, allem gerecht zu werden, d. h. meine Großmutter zu lieben, aber ihre Beteiligung am System nicht zu leugnen und damit das Leid der Opfer nicht zu relativieren. Wenn ich nämlich Versöhnung zwischen den Menschen in Deutschland möchte, dann muss ich sie auch mit meinen Vorfahren suchen. Es braucht seine Zeit, aber letztendlich darf niemand ausgeschlossen werden, egal, was passiert ist. Denn Täter*innen fügen sich durch ihre unmenschlichen Taten auch immer selbst seelische Verletzungen zu. Ich kann keinem Menschen schaden, ohne dass ich mir selbst ebenfalls schade.

Ich habe aber auch eine ganz klare Gewichtung, das heißt, das Leid meiner Vorfahren als Angehörige derjenigen, die vom nationalsozialistischen Regime profitiert haben, kann niemals mit dem der Verfolgten gleichgesetzt werden.

Das ist mir auch im Hinblick auf meine eigene Geschichte klar. Es geht mir im ersten Kapitel wirklich nicht darum, zu zeigen, wie schlimm mein Schicksal war, sondern an meinem Beispiel die Augen dafür zu öffnen, wie sehr diese schreckliche Zeit noch auf uns alle wirkt.

Worum es mir aber im Kern geht, ist, dass wir uns nicht mehr als Tätervolk sehen sollten, weil wir einerseits dann nicht ein „Volk der Tat und Haltung" sein können. Andererseits bedeutet es, dass auch die Opfer in ihrer Rolle bleiben. Damit ist niemandem gedient. Wir müssen vielmehr diesen Mechanismus, der immer noch wirkt, aufbrechen. Ich bin keine Täterin, und jüdische und andere verfolgte Menschen sollten keine Opfer mehr sein. Deswegen ist ein Verzeihen und Aussöhnung von allen Beteiligten so wichtig und für mich ein Aspekt bei der Definition von neuem, deutschem Nationalstolz.

Nächster Halt:
Bei uns

Wir brauchen einen verantwortungsvollen Nationalstolz.

Hier ist der wichtigste Halt auf unserer Reise zu unserem Ziel, anderen Kulturen entspannt zu begegnen und noch mehr: mit ihnen friedlich und produktiv zusammenleben und -arbeiten zu können.

Alle Kommunikation beginnt bei uns selbst. Erst wenn ich mich im Spiegel angesehen habe und erkenne, was ich in eine interkulturelle Begegnung mitbringe, kann ich diese Begegnung auch positiv gestalten. Wenn ich jemandem unreflektiert begegne oder noch schlimmer: mit einem mangelhaften Selbstwertgefühl, kann es sehr schwierig werden mit der erfolgreichen Verständigung. Wie bereits erwähnt, ist das weltweit Einzigartige an uns unser gespaltenes Verhältnis zur eigenen Nation und dem Nationalstolz. Daher widme ich mich jetzt dieser zentralen Frage nach einer deutschen Identität, die diesen Zwiespalt auflösen kann.

3.1 Welche Funktion hat Nationalstolz und wie sieht er in Deutschland aus?

Wenn Sie das Wort „Nationalstolz" hören, läuft Ihnen da ein Schauer über den Rücken? Oder fühlen Sie sich beklemmt?

So geht es wahrscheinlich sehr vielen Deutschen. Kein Wunder, National*stolz* und National*sozialismus* liegen einfach sehr nah beieinander.

Natürlich ist Nationalstolz ein Gefühl, das schon immer missbraucht wurde, um Menschen auszuschließen, zu diskriminieren oder um Kriege führen zu können.

Nicht nur in Deutschland, aber hier eben besonders. Deswegen müssen wir auch sehr kritisch mit diesem Begriff umgehen.

Falls Sie sich mit dem Wort „Nationalstolz" unwohl fühlen, können Sie selbstverständlich auch andere Worte dafür finden wie Patriotismus, Wir-Gefühl, Zusammengehörigkeit oder Identität, die weniger belastet sind.

Ich gebe aber zu bedenken, dass das Wort „Nationalstolz" tabuisiert bleibt, wenn wir es vermeiden, und was passiert mit Tabus? Sie werden umso attraktiver, je größer sie sind, und können dann in Händen landen, die sie wiederum missbrauchen.

Wenn ich Menschen nach dem Wort „Nationalstolz" und der Bedeutung für sie frage, höre ich oft, dass man ja nur auf die eigene *Leistung* stolz sein kann und nicht darauf, dass man zufällig irgendwo geboren wurde.

Das Argument ist meiner Meinung nach „typisch deutsch“, denn es beinhaltet erstens einen Wert, der in unserer Kultur sehr hoch angesehen ist: die eigene, messbare Leistung! Frei nach dem Motto: Ich leiste, also bin ich.

Zweitens spiegelt es natürlich unser gespaltenes Verhältnis wider, denn in keiner anderen Kultur wird das Gefühl des Nationalstolzes so häufig relativiert und diskutiert.

Selbstverständlich kann ich als Deutsche dieses Argument nachvollziehen, aber ich habe festgestellt, dass es uns in der Diskussion nicht weiterbringt, denn – ob wir wollen oder nicht – wir brauchen einen Nationalstolz, ein positives Verhältnis zu uns selbst!

Nicht nur wir als Deutsche. Alle Gesellschaften und Gemeinschaften benötigen einen übergeordneten Sinn, um ihre friedliche Existenz aufrechterhalten zu können. Wir müssen wissen, weshalb es sinnvoll ist, uns für die Gemeinschaft zu engagieren, in der wir leben. Warum wir Ziele, die dem Wohl von uns allen dienen, genauso verfolgen sollten wie unsere eigenen und welche Werte wir dafür benötigen.

Hierzu habe ich ein Zitat von Richard von Weizsäcker zum *Staatsakt 40 Jahre Grundgesetz* aus dem Jahre 1989 gefunden:

„Patriotismus ist die Liebe zu den Seinen.
Nationalismus ist Hass auf andere.“[27]

Ich finde dieses Zitat ganz wunderbar, um zu verstehen, was wir brauchen: Liebe.

Und was uns in der Vergangenheit in den Abgrund geführt hat: Hass.

Ein guter Nationalstolz lebt davon, das Eigene zu lieben, und nicht davon, andere zu hassen. Das ist meiner Meinung nach die beste Versicherung gegen Diskriminierung, Verfolgung und Krieg, denn wenn ich mich selbst liebe, bin ich auch in der Lage, andere zu lieben. So können wir der Gefahr von plattem und gefährlichem Freund-Feind-Denken begegnen und andere nicht als Bedrohung empfinden, sondern vielmehr als Bereicherung. Sie erinnern sich an die Vorteile des Reisens, auch im eigenen Land, direkt vor der Haustür, aus Kapitel 1.2? Der zugereiste Mensch nimmt mir nichts weg. Im Gegenteil: Er bringt mir neue Dinge mit, z. B. Essen, Kleidung, aber auch Ideen und Lebensweisen, die meine Welt größer und vielfältiger machen.

Um diese Vorteile zu sehen, um uns selbst zu lieben, brauchen wir ein positives Gefühl, das uns Einzelne mit der Gemeinschaft verbindet. Das uns Zuversicht gibt bei unserem Blick in die Zukunft. Das uns befähigt, an uns als Gesellschaft und Nation zu glauben! Damit wir daraus Kraft schöpfen und einen Sinn darin erkennen

27 Der Bundespräsident (1989).

können, uns für diese Gesellschaft, unsere Nation einzusetzen. Damit wir uns z. B. engagieren – bei der freiwilligen Feuerwehr, im Naturschutz, für die Unterstützung von Kindern und alten Menschen, bei Integrationsprojekten. Damit wir füreinander sorgen und aufeinander aufpassen, wenn wir jemanden in Not sehen, und damit wir für unsere Gesellschaft auch arbeiten gehen und *gerne* unsere Steuern zahlen.

Leider haben ehrenamtliche Organisationen immer mehr Nachwuchsprobleme, und wir regen uns beim Blick auf die Lohnabrechnung regelmäßig darüber auf, wie viel wir „verlieren", statt zu sehen, wie viel wir damit für unser aller Lebensqualität tun.

Das erkannte ich ganz deutlich, als ich ein paar Monate in der Hauptstadt von Nicaragua lebte und besonders *eine* Selbstverständlichkeit aus meinem Leben in Deutschland schmerzlich vermisste: öffentliche Sicherheit und damit meine Bewegungsfreiheit.

Ich lebte hinter drei verschiedenen Türen mit drei Schlössern, hinter einer Mauer, die mit Stacheldraht und Glasscherben gesichert war, und ich konnte nach 18.00 Uhr nicht mehr zu Fuß draußen herumlaufen. Warum? Weil es zu gefährlich war. Weil die Menschen so arm waren (und sind), dass ich als reicher Mensch mich und meinen Besitz massiv schützen musste. Ich dachte mir damals schon, dass ich von meinem Wohlstand überhaupt nichts habe, wenn andere so arm sind. Mehr noch, dass sich meine Lebensqualität auch verschlechtert, wenn die Gesellschaft so sehr gespalten ist in Arm und Reich. Daher bin ich zutiefst davon überzeugt, dass eine gute Gemeinschaft, eine funktionierende

Gesellschaft und eine sinnstiftende Nation auch unmittelbar mit meinem Wohlbefinden als Einzelperson zusammenhängen. Deswegen zahle ich beispielsweise auch gerne meine Steuern.

Ja, ich weiß, es genügt ein Blick in die Veröffentlichungen des Bundes der Steuerzahler, um zu sehen, dass Gelder verschwendet werden. Auch hier gilt: Ob wir es wollen oder nicht – das ist normal.

Damit meine ich *nicht*, dass wir den Umstand, dass unsere Steuergelder teilweise verschwendet werden, mit einem Achselzucken akzeptieren sollen, weil es ja normal ist. Im Gegenteil: Wir dürfen nicht müde werden, all unsere Möglichkeiten zu nutzen, um unsere Nation so zu gestalten, dass Geld dahin kommt, wo wir es haben wollen. Ich will es z. B. in Schulen!

Was ich vielmehr damit sagen will, ist, dass eine Kultur bzw. eine Nation immer aus Positivem *und* Negativem besteht. Licht und Schatten, Ying und Yang, Gutes und Böses, Schönes und Schlechtes, Barbarei und Menschlichkeit, ganz viele Abstufungen und Schattierungen davon – und das alles gleichzeitig!

Die viel wichtigeren Fragen hierbei sind:

» Wie gehen wir mit diesem (scheinbaren) Widerspruch um?
» Und worauf konzentrieren wir uns?

Deutschland, deine (Selbst-)Kritik

Mein Eindruck ist, dass wir uns in Deutschland bei diesen Fragen sehr auf Negatives konzentrieren. Egal, worum es geht, wir sehen leider nur allzu oft das Problem und nicht das Positive, obwohl es natürlich genauso da ist.[28] In Diskussionen erlebe ich es nicht selten, dass der- oder diejenige mit den – wie ich es mittlerweile nenne – „schönsten Bedenken" gewinnt. Wir sind selten in der Lage, etwas „einfach mal" auszuprobieren, optimistisch an eine Sache heranzugehen. Denn was, wenn etwas schiefgeht? Das ist in unserer Kultur das ultimative Schreckensszenario! Wenn z. B. in einem Unternehmen die Lieferfristen nicht eingehalten werden können, dann kann das hierzulande so viel Angst und Stress hervorrufen wie in anderen Kulturen vielleicht ein Vulkanausbruch vor der Tür. Ich übertreibe, aber es ist so, dass wir oft überhaupt keine Fehlertoleranz haben. Vom Beruflichen übertragen wir dies dann auch ins Private, und es kann passieren, dass wir total ins Schwitzen kommen, wenn wir zu spät sind, die Servietten nicht zum Geschirr passen oder irgendwo in einem wichtigen Schreiben ein Rechtschreibfehler ist.[29]

Wir erlauben uns keine Fehler, und deswegen denken wir in Problemen und Befürchtungen, nicht in Chancen und Hoffnungen.

Wenn wir beim Thema Steuergelder bleiben, dann sehen wir beispielsweise nicht, wie gut wir im Vergleich zu anderen Ländern

---

28 Übrigens eine Eigenschaft, die auch immer im Ausland oder von Mehrheimischen in Deutschland wahrgenommen wird!

29 Oder in einem Buch. 😉

aufgestellt sind, sondern wie schlecht. Es ist grundsätzlich nicht verkehrt, sich bessere Systeme aus anderen Ländern anzusehen, um sich zu verbessern. Man muss dann aber auch die eigenen Entwicklungschancen *sehen* und nicht in einen Jammermodus verfallen, in dem man nur beklagt, dass die anderen besser sind. Negativität, Jammern und Befürchtungen haben einen lähmenden Effekt auf die menschliche Psyche und das Vertrauen in die eigene Handlungsfähigkeit. Um aber handlungsfähig und produktiv zu sein, brauchen wir Vertrauen, Begeisterung und Leidenschaft für eine Sache, ein Projekt – eine, unsere Nation!

Aber: Wir haben Angst vor so großen Gefühlen wie Begeisterung und Leidenschaft.[30] Den Grund dafür haben wir bei unserem letzten Halt in der Vergangenheit gesehen. Wir haben – verständlicherweise! – große Schwierigkeiten mit einer positiven, hoffnungsvollen Sichtweise der Dinge und der eigenen Nation. Schließlich sind Gefühle wie Leidenschaft und Begeisterung auf das Schrecklichste missbraucht und instrumentalisiert worden. Um so einen Missbrauch nie wieder erleben zu müssen, war das Angebot für eine deutsche Identität oder Selbstdefinition bis jetzt auch lediglich ein „Nie wieder!“: Nie wieder Krieg, nie wieder Auschwitz, nie wieder Nationalsozialismus, nie wieder vom Bösen verführen lassen. Das Versprechen gegenüber Dritten und auch uns selbst gegenüber, auf das sich alle einigen konnten, war und ist: Wir machen so etwas nie wieder.

30 Ausnahme: Fußball – hier dürfen wir all die Leidenschaft und Begeisterung ausleben, die in uns schlummert!

Stattdessen haben sich alle auf den Wiederaufbau und die wirtschaftliche Entwicklung Deutschlands konzentriert. Diese Strategie war nach dem Krieg durchaus erfolgreich, um überhaupt wieder handlungsfähig zu werden. Ihr fehlen aber zwei Dinge: Einerseits blieben das Erbe des Verbrechens und der Umgang damit ungeklärt, und dieser Strategie fehlte andererseits die menschliche, emotionale, seelische Seite!

Noch heute haben wir den Ruf im Ausland, sehr gefühlsarm zu sein und wenig Emotionales in unserem Miteinander zuzulassen. Zeitgleich *suchen* wir diese Emotionalität, diese seelische, liebevolle Verbundenheit mit anderen Menschen. Das erkennt man unter anderem daran, dass wir „Reiseweltmeister" sind und nicht nur wegen der klimatischen, sondern auch wegen der menschlichen Wärme, Freundlichkeit und entspannten Haltung zu Fremden in andere Länder fahren. Man könnte sagen, im Urlaub oder auf Reisen versuchen wir, diese Sehnsucht zu stillen, dieses Gefühlsloch zumindest für eine Weile zu stopfen.

Wir sehen: Auch wenn unser Glaube an Sachlichkeit, Aufklärung und Vernunft sehr groß ist und diese Werte durchaus eine große Berechtigung haben – als Gemeinschaft, als Nation brauchen wir mehr als das.

Allein dieses „Nie wieder" reicht auf die Dauer nicht aus, um einer Gesellschaft ein positives, sinnstiftendes Gemeinschaftsgefühl zu geben.

Mehr noch: Eine negative Identität ist gefährlich!

Sie bedeutet letztendlich ein mangelhaftes Selbstwertgefühl, und das wiederum macht sehr anfällig für selbst überhöhende Ideen – wenn z. B. jemand kommt und sagt, man gehöre in Wahrheit zu einer überlegenen Rasse, und diese werde von anderen bedroht:

„Unsere deutsche Volksgemeinschaft ist krank. Sie leidet an Altparteien, Diarrhö, Gutmenscheritis, links-grün-versifften 68ern, und durch Merkel versiffte, aufgelöste Außenhaut. Unser Deutschland leidet unter einem Befall von Schmarotzern und Parasiten, welche dem deutschen Volk das Fleisch von den Knochen fressen will."

Thomas Goebel, AFD[31]

Wenn ich solche Zitate lese, muss ich – tut mir leid, aber dieses Wortspiel ist zu offensichtlich – goebeln. Nicht nur das, ich bekomme große Angst! Hier sehen wir eine nahezu 1:1-Wiederholung der Naziideologie, nur geringfügig angepasst an die Feindbilder der heutigen Zeit. Dieses Zitat trieft nur so vor Hass auf andere. So haben wir nichts aus der Vergangenheit gelernt. So versuchen wir lediglich, das Trauma der Schuld und der Ohnmacht nach dem verlorenen Zweiten Weltkrieg mit einer (erneuten) Allmachtsbestrebung[32] zu kompensieren. Diesen verhängnisvollen Mechanismus müssen wir unterbrechen, und das fängt bei jedem von uns selbst an, denn es *ist* wie mit uns als Individuum: Wenn ich ein mangelhaftes Selbstwertgefühl habe, dann ist es für mich auch schwierig, andere Menschen wertschätzend zu behandeln.

---

31 Ver.di (n. d.).

32 Lesen Sie hierzu unbedingt *Deutschlands Chance* von Barbara von Meibom!

Das wiederum führt dazu, dass ich von anderen auch nicht positiv wahrgenommen werde.

Ich werde aber als Mensch immer versuchen, meinen Selbstwert zu erhöhen, wenn dieser zu gering ist. Leider führt der schnellste bzw. einfachste Weg dahin über die Abwertung anderer Menschen, die Freund-Feind-Kategorie. Kein guter, nachhaltiger Weg, aber eben verlockend, weil er so einfach und schnell erscheint. Den Preis dafür zahlen aber letztendlich nicht nur die Gehassten, denn wenn das eigene Selbstwertgefühl auf Hass auf andere aufgebaut ist, leiden wir alle, teilweise über Generationen hinweg, wie wir gesehen haben.

Ich höre immer mal wieder von Mehrheimischen oder Menschen aus dem Ausland, dass sie genervt oder irritiert davon sind, dass Deutsche sich selbst gegenüber so dermaßen kritisch sind und so viel an sich und ihrem Land „herummeckern".[33] Dieses „typisch deutsche" Verhalten ist für Außenstehende, wie gesagt, oft kaum nachvollziehbar. Sie sehen nur das Offensichtliche: Die absolute Mehrheit der Deutschen, die jetzt leben, *konnte* doch gar keine Schuld auf sich laden! Warum also immer noch dieses negative Verhältnis zur eigenen Kultur?

Zu verstehen, dass es ein Gefühlserbe und keine Konsequenz aus einer real begangenen Tat ist, kommt jetzt erst nach und nach in die öffentliche Diskussion.

---

33 Übrigens ist ein beliebtes Fettnäpfchen, in das Deutsche im Ausland gerne mal treten, wenn sie z.B. – genau wie zu Hause – freimütig über die Regierung ihres ausländischen Gegenübers schlecht reden.

Ein weiterer kritischer Punkt bei der Betrachtung unseres mangelnden Nationalstolzes bzw. unserer negativen Identität ist, dass wir auf diese Weise wenig anzubieten haben, woran sich zugewanderte Menschen als neue Deutsche orientieren können.

Wir scheitern immer wieder tragisch, wenn wir zugewanderten Menschen erklären wollen, was die deutsche Kultur ist und woran man sich anpassen soll.

Woran soll man sich als Mensch mit Migrationsgeschichte anpassen?

Worauf soll unser gemeinsamer Nationalstolz aufgebaut sein?

Wie ich in Kapitel 2.1 erwähnt habe, gibt es wissenschaftliche Untersuchungen zu der Frage, was jeweils typisch ist für eine bestimmte Nation bzw. was die Mentalität einer Kultur ausmacht.

Einer der bekanntesten deutschen Kulturwissenschaftler, Alexander Thomas, hat diese Kulturstandards für viele Länder entwickelt, u. a. auch für Deutschland.

Bei der Ermittlung wurden Ausländer*innen, die längere Zeit in Deutschland (bzw. in dem jeweilig untersuchten Land) gelebt oder mit Deutschen zusammengearbeitet haben, befragt, welche kritischen Situationen sie in der Zusammenarbeit erlebt haben. Aus der Summe dieser „critical incidents“ wurden dann die Standards ermittelt, die in Deutschland bzw. der jeweilig untersuchten

Nation als allgemein verbindlich gelten. Diese *Kulturstandards* werden oft im Sprachgebrauch mit *Werten* gleichgesetzt.

Können wir damit vielleicht die Frage nach einem sinnstiftenden Gemeinschaftsgefühl beantworten?

Mal sehen …

Wir sollen das so machen!

Wertschätzung von Strukturen und Regeln

In Deutschland werden Regeln erwartet, und wenn es keine Regel gibt, wird nach einer Regel gesucht. Vorher wird nicht gehandelt!

Dieses Phänomen kennen Sie bestimmt und haben es auch schon einmal am eigenen Leib erlebt, wie streng Regeln in diesem Land einzuhalten sind. Viele dieser Regeln haben wir stets präsent im Kopf und reagieren gereizt, wenn wir Regelverstöße in unserem Umfeld wahrnehmen: Jemand fährt mit dem Fahrrad auf der falschen Straßenseite, jemand trennt den Müll nicht richtig, jemand geht bei Rot über die Straße, jemand lässt seine Hecke auf den Gehweg wachsen, jemand bohrt in seiner Wohnung nach 22.00 Uhr, jemand steht auf der Rolltreppe links … Wie bei einer Registrierkasse macht es in unseren Köpfen „Ka-Ching!" – und zwar nicht bei einem Geldeingang, sondern bei einem Regelverstoß. Sehr schwierig wird es für uns Deutsche, wenn es keine Regel gibt und wir uns selbst organisieren müssen!

Die gute Seite an Regeln ist, dass wir strukturiert, geplant und damit effizient arbeiten können. Regeln geben uns Sicherheit und sorgen für Verbindlichkeit, weil sie für alle gelten. Das heißt natürlich nicht, dass sich auch alle an die Regeln halten, aber tendenziell existiert in Deutschland eine relativ hohe Bereitschaft, Regeln zu befolgen.

Zeit ist Geld!

Lineare Zeitplanung

Wie haben in Deutschland immer einen Zeitplan. Dieser Zeitplan ist heilig, und wenn er durcheinandergerät, ist das für Deutsche sehr problematisch. „Ich habe keine Zeit" ist hierzulande eine völlig legitime Entschuldigung, wenn man etwas ablehnen möchte, sei es privat oder beruflich. Wir nehmen den Ausdruck „Zeit ist Geld" sehr wörtlich. Wir können in unserer Kultur mit Zeit genau das Gleiche machen wie mit Geld: Wir können Zeit/Geld sparen, verschwenden, investieren, schenken und stehlen! Wir haben neben den Regeln auch immer einen kleinen Taktmesser im Kopf, der verlässlich dann anfängt, sehr laut zu ticken, wenn der Zeitplan nicht eingehalten wird oder wir warten müssen (z. B. an der Supermarktkasse/Bushaltestelle). Auch hier gibt es natürlich Vor- und Nachteile wie Effektivität vs. Stress. Es ist auf jeden Fall der Kulturstandard, der die größte Herausforderung in der internationalen Zusammenarbeit darstellt. In vielen anderen Kulturen ist diese Sichtweise nämlich – wenn schon nicht absurd, dann auf jeden Fall – sehr anders. Zeit ist keine Linie, sondern ein Kreis. Etwas, das immer wiederkommt und somit im Überfluss vorhanden ist. Haben Sie Schwierigkeiten, sich das vorzustellen? Es ist auch schwierig, weil wir so anders und stark konditioniert sind.

Beispiel:

Wenn Sie in Ägypten von jemandem zum Abendessen eingeladen werden, dann fragen Sie sofort: „Wann?" Ihr Gegenüber wird sich etwas wundern, aber dann vielleicht „19.00 Uhr" antworten. Sie sind um 19.00 Uhr da, und ihre Gastgeber*innen sind sehr überrascht, noch nicht angezogen, und das Essen dauert ebenfalls noch Stunden, bis es fertig ist. Während es in Deutschland also höflich ist, pünktlich zu einer Verabredung zu erscheinen, ist es in Ägypten sehr unhöflich, weil die Gastgeber*innen noch nicht fertig sind und sie in Verlegenheit gebracht werden.

„Rede nicht um den heißen Brei rum!"

Explizite und direkte Kommunikation

Man ist angehalten, das zu sagen, was man denkt. Das bedeutet, man ist ehrlich und kommt schneller zum Ziel, und schnell zum Ziel kommen ist, wie wir bei der linearen Zeitplanung gesehen haben, außerordentlich wichtig in Deutschland. Wenn jemand sich nicht dementsprechend verhält, sagen wir Dinge wie: „Rede nicht um den heißen Brei rum!" Oder: „Komm zum Punkt!" Das ist tatsächlich etwas, was in meinen Seminaren von mehrheimischen

Menschen, die neu in der deutschen Kultur sind oder waren, immer wieder gesagt wird. Es fällt auf, und für Außenstehende wirkt diese Art der Kommunikation oft sehr unhöflich bis hin zu brutal, je nachdem, aus welcher Kultur man selbst kommt.

Beispiel:

„Ich hätte da eine kleine Anmerkung zu machen" bedeutet auf Deutsch:

Ich bin grundsätzlich einverstanden, es gibt wirklich nur eine kleine Unsicherheit.

Dieselbe Aussage bedeutet z. B. auf Vietnamesisch:

„Es gibt ein riesiges Problem!", aber dadurch, dass lediglich gesagt wird, man habe eine kleine Anmerkung zu machen, kann das Gegenüber sein Gesicht wahren, was z. B. in asiatischen Kulturen der zentrale Kulturstandard ist.

„Dienst ist Dienst, und Schnaps ist Schnaps."

Trennung von Beruf und Privatleben

Es ist in Deutschland eher unüblich, mit Arbeitskolleg*innen befreundet zu sein oder sich gar mit Vorgesetzten privat zu treffen. Auch die eigene Familie versuchen wir eher aus unserem Berufsleben herauszuhalten, da sonst schnell Vetternwirtschaft vermutet wird. (Ausnahmen bilden Familienbetriebe, die aber als solche gekennzeichnet sind.) Wir schützen uns damit vor dem Vorwurf der Korruption. Die Trennung von Privat- und Berufsleben beinhaltet auch, dass wir unsere persönlichen Befindlichkeiten, unsere privaten Gefühle nicht mit zur Arbeit nehmen, sondern „zu Hause lassen“ sollen.

Bleib bitte sachlich!

Sachorientierung

Die Sache ist wichtiger als der Mensch. In Konflikten fällt z. B. oft der Satz „Bleib bitte sachlich“, obwohl man sich voll in einer Emotion, nämlich Wut oder Angst, befindet. Auch im Ausdruck von Trauer und Schmerz spiegelt sich dieser Kulturstandard wider, indem wir da oft versuchen, unsere Gefühle zu unterdrücken. „Reiß dich mal zusammen“ oder „Ist doch nicht so schlimm“ hören wir nicht selten, wenn wir Schmerz oder Trauer äußern. Auch positive Emotionen laut zu äußern ist eher unüblich und wird als Ausnahme oder kleine Schrulligkeit betrachtet.

Mach das selbst!

Eigenverantwortung und Selbststeuerung

Es wird in Deutschland erwartet, dass man sich um sich selbst kümmert und nur im Notfall um Hilfe bittet. Deswegen haben wir so viele Dienst- und Sozialleistungen, die in anderen Kulturen mehr von der Familie oder dem sozialen Umfeld übernommen werden, wie z. B. Umzugsunternehmen, Einkaufsservices, Kinderbetreuung, Pflegeheime, Ehrenämter und Versicherungen aller Art. Auch die Selbstorganisation der Arbeit, von Studium und Ausbildung sowie der im Vergleich manchmal frühe Auszug aus dem Elternhaus und die damit verbundene Selbstständigkeit fallen thematisch in diesen Kulturstandard.

Made in Germany

Qualität, Perfektion, Analytik

Solche Werte und Eigenschaften werden dem Prädikat „made in Germany" nachgesagt. Während der Ausdruck nach dem Zweiten Weltkrieg ursprünglich noch als Warnhinweis wegen schlechter Qualität verwendet wurde, wandelte sich die Bedeutung im Verlauf des „Wirtschaftswunders" in den 1960er-Jahren zu einem Qualitätssiegel. Etwas, das man mit Stolz sagen konnte …

Kulturstandards: ein in sich logisches System, das sich selbst reproduziert

Wenn Sie all diese Standards miteinander vergleichen, fällt auf, dass sie sich gegenseitig unterstützen, d. h. ein System bilden, das sich selbst verstärkt und reproduziert.

Wenn wir z. B. mit dem Standard *lineare Zeitplanung* beginnen, dann sehen wir bei der Betrachtung aller weiteren Standards, dass sie dem ersten in die Hände spielen. Wenn *Zeit* in einen linearen Ablauf soll, dann sind *Strukturen und die Einhaltung von Regeln* wichtig. Wenn Zeitplanung, Strukturen und Regeln an erster Stelle stehen, dann empfiehlt es sich, eine Art der Kommunikation zu wählen, die möglichst zeitsparend ist, sprich möglichst direkt. Außerdem ist es sinnvoll, unkalkulierbare Komponenten wie Emotionen hintanzustellen und sich an *der Sache* zu orientieren. Wenn dann doch Emotionen auftauchen, dann aber bitte nicht im *Beruf*, sondern nur *zu Hause*, d. h. *Trennung* dieser beiden Bereiche. Zum Schluss achten Sie bitte jetzt noch darauf, dass Sie in diesem System *selbstständig* funktionieren, damit wir in dem einzigen Bereich, auf den wir wirklich stolz sind, unser Niveau halten können: Qualität „made in Germany"!

Können wir darauf stolz sein?

Ich muss sagen – auch wenn diese Standards oder Werte nicht per se schlecht sind –, sie haben wenig Potenzial, das leidenschaftliche Gefühl von Zusammengehörigkeit zu entfachen, von dem ich am Anfang dieses Kapitels gesprochen habe und das wir so dringend benötigen.

Ich hoffe sehr, es ist nicht nur meine Meinung, dass ein verantwortungsvoller Nationalstolz genau das bewirken kann.

Deshalb plädiere ich für eine neue Bedeutung von „Nationalstolz in Deutschland“!

Es kommt letztendlich darauf an, was das Wort für *uns* bedeutet und dass wir uns darüber im Klaren sind, *worauf* wir stolz sind.

Für mich ist es, eine gemeinsame Idee, Vorstellung oder auch gerne Vision davon zu haben, wie wir gut, d. h. menschenwürdig, in unserer Nation, unserem Land miteinander leben wollen.

Unser gespaltenes Verhältnis zu unserer Nation und damit zum Nationalstolz verhindert, dass wir positive Seiten unserer Kultur anerkennen, und damit auch, gemeinsame Werte klar zu definieren und allgemeinverbindlich danach zu handeln. Wir trauen uns nicht, klar und deutlich zu formulieren, was bei uns in Deutschland identitätsstiftend sein soll und welche Idee wir von uns als Deutsche haben wollen.

Ich habe einen Vorschlag, wie unser neuer Nationalstolz aussehen kann – reisen wir weiter …

3.2 Worauf können wir stolz sein?

Ich möchte in diesem Kapitel erst einmal von mir auf uns schließen, d. h., ich habe mich gefragt, was Stolz für mich heißt, worauf ich stolz bin und wie ich das auf uns als Nation übertragen kann.

Ganz schön selbstbewusst, denken Sie? Stimmt.

Ich habe lange an meinem Selbstbewusstsein gearbeitet – und zwar nicht, damit ich mich über andere erheben kann, sondern um mir meiner *selbst bewusst* zu werden. Damit ich mich besser verstehe, besser mit mir umgehen und meine Bedürfnisse besser erkennen kann.

Warum? Damit ich genau das alles auch mit den Menschen um mich herum tun kann! Auch mit Ihnen hier, in diesem Buch. Denn nur so funktioniert eine Gesellschaft, eine Nation. Sie wird getragen von der Energie von jedem und jeder Einzelnen, von unserer Kraft, unserer Liebe und unserem Stolz.

Was bedeutet Stolz für mich?

Wenn ich in mich hineinhorche, gibt mir mein Gefühl zu dieser Frage folgende Antwort:

Stolz ist für mich unbändige Freude, ist Grinsen wie ein Honigkuchenpferd, ist vollständiges Glück im Moment und Dankbarkeit darüber, wenn mir und den Menschen um mich herum so viel Gutes geschieht und gelingt. Dass wir zusammen so eine schöne, liebevolle Energie erzeugen können, die sich so wunderbar anfühlt, dass sie einfach nur richtig, mehr noch, göttlich, sein kann.

Stolz ist für mich die Erlaubnis dafür, das Schöne in meinem Leben ohne Einschränkungen zu genießen.

Das ist ganz schön viel Gefühl für eine Deutsche, oder? Und die kritische Stimme in unseren Köpfen ruft laut: „Ja, aber …!" Ja, aber natürlich hat Stolz auch die negative Seite, wie immer, wie ich schon im letzten Kapitel beschrieben habe. Stolz kann zu Hochmut, Selbstüberschätzung und Abwertung von anderen werden. Auch hier gilt wie im letzten Kapitel: Wir haben die Wahl, welche Bedeutung wir leben wollen!

Denken Sie jetzt selbst einmal an Situationen, in denen Sie stolz sind oder waren. Meist fallen uns dazu sofort unsere Leistungen ein, z. B. Schulabschluss, Ausbildung, Studium, erster Job, Sportwettbewerbe, Reisen, Hausbau oder Karriere. Vielleicht etwas verschämt vor anderen, aber doch sichtbar fühlen wir auch oft, dass wir sehr stolz auf unsere Kinder sind. Wenn ich an meinen Sohn denke und daran, wie er seinen Lebensweg geht, platze ich fast vor Stolz, vor der unbändigen Freude, die ich eben beschrieben habe, und ich fühle eine tiefe Liebe in mir.

Für mich ist Stolz immer mit Liebe verbunden. Dieses Gefühl können Sie selbstverständlich nicht nur mit eigenen Kindern haben, sondern auch mit jedem anderen Menschen – unbedingt auch mit sich selbst, denn dann haben Sie die beste Basis für gute Begegnungen – unser Reiseziel!

Ich möchte Ihnen neben meiner eigenen noch zwei weitere Definitionen von Stolz zeigen, die ich sehr schön und inspirierend finde:

Stolz (von mittelniederdeutsch *stolt* „prächtig", „stattlich") ist das Gefühl einer großen Zufriedenheit mit sich selbst oder anderen, einer Hochachtung seiner selbst – sei es der eigenen Person, sei es in ihrem Zusammenhang mit einem hoch geachteten bzw. verehrten „Ganzen".[34]

In dieser Definition sehen wir – genau wie bei mir – eine von Grund auf positive Sichtweise von Stolz als einem Gefühl einer großen Zufriedenheit mit sich und einem „Ganzen".

Es wird deutlich, dass Stolz etwas Verbindendes sein kann zwischen uns als einzelnen Menschen und der Gemeinschaft, von der wir ein Teil sind.

Ein Teil, der den Unterschied machen kann und sollte!

Die zweite Definition stammt von keinem geringeren Deutschen als dem Freiherrn von Knigge aus seinem berühmten Werk „Vom Umgang mit Menschen":

„Ich möchte gern, daß man Stolz als eine edle Eigenschaft der Seele ansähe; als ein Bewußtsein wahrer innerer Erhabenheit und Würde; als ein Gefühl der Unfähigkeit, niederträchtig zu handeln."[35]

Besonders der letzte Teil hat es mir hier angetan: Stolz als ein Gefühl der Unfähigkeit, niederträchtig zu handeln. Dazu passt der Ausdruck: „Das verbietet mir mein Stolz." Und genau das sollte ein Stolz tun: Er sollte uns verbieten, niederträchtig zu handeln!

34 Wikipedia (2023).

35 Wikipedia (2023).

Können Sie diese zwei Aspekte von Stolz für sich annehmen, die ich hier vorschlage und die mindestens ein großer Denker aus unserer Kultur ebenfalls gedacht hat?

Stolz als Gefühl großer Zufriedenheit mit sich selbst und anderen und einer Hochachtung von uns als Teil eines Ganzen, einer Nation, unfähig, niederträchtig zu handeln?

Ich habe mir nach langem Überlegen erlaubt, Stolz zu empfinden, denn ich weiß ja, worauf.

Darauf bin ich stolz!

Um mit den Worten meiner Mutter zu sprechen: Ich bin stolz auf die Momente in meinem Leben, in denen ich Flagge gezeigt habe. Damit meine ich Momente, in denen ich klar Position bezogen habe für ein gerechtes, einfühlsames Miteinander. Wenn ich die Bedürfnisse anderer wahrnehme und ihnen durch mein Verhalten Gehör verschaffen kann. Oder wenn ich einfach nur ganz kurz mit kleinen Gesten helfen und unterstützen kann. Genauso gilt es umgekehrt, wenn mir geholfen wird. Dann empfinde ich Stolz, Dankbarkeit und Liebe.

Ich bin stolz darauf, dass ich es geschafft habe, meinen Mund aufzumachen, als einer meiner Klassenkameraden bloßgestellt wurde. Ich bin stolz darauf, dass ich es nicht einfach hingenommen habe, als mein Nachbar eine Reichskriegsflagge in seinem Garten gehisst hat. Ich bin stolz darauf, dass ich lautstark protestiert habe, als eine religiöse Gruppe öffentlich gegen Homosexualität gepredigt hat.

Das sind alles keine Heldentaten, es gibt Menschen, die viel mutiger sind und viel mehr riskieren. Es geht mir vielmehr darum, zu beschreiben, warum ich bei meinem Protest, besonders in der letzten Situation mit dem Prediger, Stolz gefühlt habe.

Ich bin sehr stolz darauf, dass ich bei meinen Protesten Werte aus dem Grundgesetz in meinem Rücken wusste und auch in Zukunft weiß. Ich bin stolz und unendlich dankbar, dass ich in einem Land lebe, dessen erster Artikel im Grundgesetz lautet: Die Würde des Menschen ist unantastbar.

Das bedeutet, es ist nicht nur „niederträchtig und rückständig", Menschen wegen ihrer sexuellen Orientierung zu diskriminieren, es ist auch gesetzlich verboten. Kein Mensch darf aufgrund von Aussehen, Herkunft, Sexualität, Alter, Behinderung, Geschlecht oder Religion ausgegrenzt, beleidigt, angegriffen oder gar getötet werden.

Das mag uns vielleicht trivial erscheinen, weil wir das Allgemeine Gleichbehandlungsgesetz schon so oft in Leitbildern gelesen und als Lippenbekenntnis gehört haben, dass es an Bedeutung verloren hat. Nicht zuletzt gilt auch hier wieder, dass die Theorie nicht deckungsgleich ist mit der gelebten Praxis. Ich mache aber noch einmal ganz dringlich darauf aufmerksam, dass es eine große Errungenschaft ist, dass wir diese Menschenrechte fest in unserer Verfassung verankert haben!

Stellen Sie sich einfach nur mal vor, Sie würden in einem Land leben, das *keine* Menschenrechte kennt. Wo Menschen verfolgt und getötet werden, obwohl Sie überhaupt nichts getan haben, außer zu alt oder zu jung zu sein, das „falsche Geschlecht" zu lieben oder ihm anzugehören, „falsch auszusehen" oder eine eigene Sicht auf die Welt und einen anderen Gott zu haben als die Menschen, die die Norm vorgeben.

Wir haben theoretisch also schon mal alles, was wir brauchen, für eine gute Gemeinschaft. Übrigens nicht nur das – wir haben in der Praxis auch schon sehr gute Bedingungen.

Überlegen Sie mal: Was ist gut an unserem Leben hier in Deutschland? Warum kommen Menschen hierher? Unter welchen guten Bedingungen dürfen wir hier über unser Zusammenleben als Nation nachdenken?

Der erste und für mich wichtigste Punkt ist *Frieden*. Gerade jetzt, wo wir im Jahr 2023 in der Ukraine einen Krieg fast direkt vor unserer Haustür haben, wird mir sehr bewusst, wie gut die Bedingungen hier sind!

Der zweite Punkt, den ich auch schon erwähnt habe, ist *Sicherheit*. Mein Leben in Deutschland ermöglicht mir Bewegungsfreiheit und damit Teilhabe und Mitbestimmung. Wenn ich – besonders als Frau – vor lauter Gefahr mein Haus nicht verlassen kann, kann ich auch viel weniger für das Land, in dem ich lebe, tun und das Zusammenleben gestalten.

Drittens: das *Sozialsystem*. Wir zahlen alle ein, und mir wird im Notfall als einzelner Person geholfen, egal ob ich krank werde, meine Arbeit verliere oder zu alt werde, um mich selbst zu versorgen.

Vierter Punkt ist das *Bildungssystem*, das mit der Schulpflicht nicht nur jedem Kind die *Möglichkeit* bietet, zur Schule zu gehen, sondern *darauf besteht*, dass jedes Kind zur Schule geht.

Auch hier können wir selbstverständlich das System kritisieren, und das sollten wir auch! Aber lassen wir neben der Kritik einen grundsätzlich wertschätzenden Blick darauf zu, damit wir auch wieder wertschätzend damit umgehen.

Mir hilft dabei immer ein Blick aus der Perspektive von Menschen, die dieses System *nicht* zur Verfügung haben. Die darauf angewiesen sind, dass die Familie im Krankheitsfall einspringt. Die ihre Kinder nur dann zur Schule schicken können, wenn sie es sich im doppelten Sinn des Wortes leisten können, d. h. einerseits auf die Arbeitskraft des Kindes verzichten und zusätzlich auch noch das Schulgeld aufbringen können. Menschen, die sich solche Fragen stellen müssen, haben oft eine ganz andere Wertschätzung von Bildung, als wir es in einem System der Selbstverständlichkeit manchmal haben.

Gleichzeitig sollten wir auch in Systeme schauen, die (noch) besser sind als unseres, wie ich im letzten Kapitel in Bezug auf das Steuersystem schon angemerkt habe.

Grundsätzlich bin ich aber der Meinung, dass wir alle mit den Punkten Frieden, Sicherheit sowie Sozial- und Bildungssystem bereits sehr gute Voraussetzungen haben.

Jetzt müssen wir unsere guten Voraussetzungen nutzen und die Werte, die wir im Grundgesetz haben, auch leben. Ich höre so oft von Menschen, die nach Deutschland eingewandert sind, dass es genau diese Bedingungen sind, die sie hier so schätzen. Können wir darauf nicht stolz sein? Dass wir Menschen ein sicheres Zuhause bieten können, die sonst, weshalb auch immer, verfolgt, diskriminiert oder anderweitig gefährdet sind?

Und damit sind wir beim letzten Punkt, der mich beim Gedanken an Deutschland stolz macht: das *Asylrecht*.

Menschen, die politisch verfolgt werden oder deren Leben durch Krieg und Gewalt bedroht ist, haben bei uns ein Recht auf Asyl. Ich kann gar nicht genug betonen, wie wichtig dieses Recht ist, und Deutschland ist eines der wenigen Länder, die dieses Recht im Grundgesetz verankert haben!

Wenn wir uns jetzt noch einmal vor Augen führen, woher das alles kommt, dann sehen wir, dass unsere heutige Demokratie die bestmögliche Antwort auf die Schrecken des Nationalsozialismus ist. Ein wahrhaftiger Versuch, unsere Nation politisch nachhaltig besser und mit der Wahrung der Würde eines jeden Menschen zu gestalten.

Das ist mittlerweile für mich „typisch deutsch", darauf bin ich stolz, und ich denke, dass diese demokratischen Werte für uns alle wünschenswert sind – egal, aus welcher Kultur wir kommen.

Machen wir es uns noch einmal ganz deutlich bewusst:

Wir haben in unserer Gesetzgebung bereits ein ideales Wertesystem eingeführt, für das Menschen in anderen Ländern gerade ihr Leben geben oder bereits gegeben haben!

Wenn wir mit diesem Schatz nur kritisch, sarkastisch oder gleichgültig umgehen, dann habe ich das Gefühl, dass wir diese Menschen verhöhnen.

Wir haben einen fantastischen Kompass für ein gutes Miteinander:

Die Würde des Menschen ist unantastbar - keine Gewalt, keine Diskriminierung!

Was brauchen wir noch, um diesen Kompass zu nutzen?

Erinnern Sie sich an die deutschen Kulturstandards aus dem letzten Kapitel? An die lineare Zeitplanung, die Regeln und deren strenge Einhaltung? Die Sachlichkeit? Wenn wir uns diese Standards noch einmal anschauen, fällt auf, dass ihnen etwas ganz Entscheidendes fehlt: das Gefühl.

Ideen für die Befriedigung von menschlichen Bedürfnissen nach Zugehörigkeit, Verbundenheit, Unterstützung und Liebe finden wir bei der Betrachtung unserer Kulturstandards nicht.

Zum Vergleich – die türkischen Kulturstandards sehen so aus:

Der Mensch geht vor!

Beziehungsorientierung

In der türkischen Kultur wird extrem viel Wert auf zwischenmenschliche Beziehungen gelegt. Sie sind viel wichtiger als „die Sache" oder der Zeitplan.

Was bin ich für andere?

Mitmenschlichkeit und Gastfreundschaft

Ich frage mich nicht in erster Linie, was ich selbst möchte, sondern, was ich für andere bin und was ich für andere tun, wie ich helfen kann.

Ganz entspannt im Hier und Jetzt …

Zeit und Regeln sind relativ

Da der Mensch und seine Bedürfnisse in der türkischen Kultur grundsätzlich im Vordergrund stehen, steht die Einhaltung von Zeitplan und Regeln dementsprechend an zweiter Stelle und hat eine geringere Bedeutung.

Jede*r hat seinen*ihren Platz.

Hierarchieorientierung

Die hierarchische Ordnung ist ein Instrument, das man in allen Kollektivkulturen, also auch in der türkischen, findet, um diese organisieren zu können. Individualkulturen wie die deutsche sind weniger hierarchisch, da sie mehr durch die Selbststeuerung jedes einzelnen Mitglieds organisiert werden.

Alle haben ihre Aufgabe.

Ansehen und Ehre der Familie wahren

In der türkischen Kultur steht die Familie und ihre Integrität, ihre „Unversehrtheit", an erster Stelle. Dementsprechend ist jedes Familienmitglied durch das eigene Handeln mitverantwortlich für das Ansehen der Gruppe. Das bedeutet, dass einzelne Personen oft nicht allein über ihre Lebensweise entscheiden können, sondern auf das Einverständnis hierarchisch höher gestellter Familienmitglieder angewiesen sind.

Höflichkeit first!

Indirekte Kommunikation

Als Mitglied der türkischen Kultur sage ich niemals ganz direkt, was ich (besonders Kritisches) denke. Ich kommuniziere auf sehr umsichtige Art und Weise, damit mein Gegenüber nicht sein Gesicht verliert.

Die Türkei ist ein wunderschönes Land.

Ausgeprägter Nationalstolz

Es besteht eine enge, positive Verbindung zwischen den Türk*innen und ihrem Land. Die Identifikation mit der türkischen Herkunft ist hoch, ganz im Gegensatz zu dem Gefühl der Deutschen. Die Verbindung besteht in erster Linie mit dem Land, nicht zwangsläufig mit den politisch Herrschenden. Das ist beim Thema Nationalstolz übrigens immer der Fall.

All das, was wir in der deutschen Kultur nicht (mehr!) finden, können wir in der türkischen Kultur sehen. Selbstverständlich gilt auch hier, dass keine Kultur generell besser ist als die andere! Ja, man kann kritisieren, aber wir sollten an dieser Stelle erst einmal hinschauen, was wir aus der anderen Kultur positiv lernen können.

Das ist meiner Meinung nach das Wichtigste auf dem Weg zu unserem Reiseziel!

Wir brauchen das Gefühlvolle, die Mitmenschlichkeit, die wir in so vielen anderen Kulturen sehen können, denn wir *sind* Menschen. Keine Maschinen, auch wenn wir oft verbissen versuchen, uns so zu sehen, weil wir Angst haben, sonst die Kontrolle zu verlieren.

Wenn wir es schaffen, unsere Angst vor Gefühlen zu überwinden und uns emotional von anderen Kulturen bereichern zu lassen, und wenn wir es dann auch noch schaffen, unseren eigenen Weg damit zu finden, dann können wir WIRKLICH stolz sein!

Wir können stolz darauf sein, wenn wir es schaffen, unsere Gefühle zu zeigen, unsere Bedürfnisse, unsere Verletzungen und unsere Verletzlichkeit.

Wir können stolz sein, wenn wir erkennen und zugeben, dass ein Mensch mehr braucht als seine Leistungsfähigkeit.

Egal, woher, aus welchem Land, welcher Kultur:

Wir sind alle Menschen, die miteinander verbunden sind, und wenn wir andere verletzen und ausgrenzen, dann schaden wir in letzter Konsequenz auch uns selbst!

Wir werden gewinnen, wenn wir uns wohlwollend begegnen

Versuchen Sie, sich zu erinnern, wann Sie mal jemanden verletzt und danach Ihr Verhalten bereut haben …

Können Sie sagen, warum Sie Ihr Verhalten bereut haben?

Wahrscheinlich, weil Sie die Person mögen, vielleicht sogar lieben und sie ja gar nicht verletzen *wollten*. So weit, so klar, auch wenn es ein sehr widersprüchliches Phänomen ist, dass wir oft die Menschen, die wir am meisten lieben, auch am meisten verletzen. Schwieriger wird es mit der Reue und Wiedergutmachung, wenn wir Menschen verletzen, die wir nicht mögen, vielleicht sogar hassen oder anders: gar nicht kennen. Dieses Verhalten bereuen wir nicht so leicht, denn der andere hat es „ja verdient“ oder spielt ohnehin keine Rolle in unserem Leben.

Trotzdem hinterlassen solche verletzenden Begegnungen, in denen man sich beleidigt, herabwürdigt oder gar Gewalt antut, Spuren. Sehr negative Spuren in unserem Gefühlsgedächtnis, die wir verdrängen, weil wir denken, das Leben sei nun mal so.

Manchmal bereuen wir aber auch solche Begegnungen. Warum? Weil etwas tief in uns weiß, dass wir uns selbst schaden, wenn wir andere verletzen.

Wenn wir uns also umsichtig, menschlich wohlwollend und wertschätzend begegnen, tun wir das immer auch für unser eigenes Wohlbefinden, unsere seelische Gesundheit. Wenn unser Verhalten positiv ist, dann ist unser Gegenüber in den meisten Fällen auch positiv, denn: „Wie man in den Wald hineinruft, so schallt es heraus."

Wie wirken diese Worte auf Sie? Haben Sie schon den Mut, in diese Gefühlswelt mitzukommen? Sie zuzulassen? Das wäre wunderbar, denn dies ist so wichtig, wenn wir den Zugang zu uns selbst und damit auch zu Menschen aus anderen Kulturen finden möchten. Seien wir stolz darauf, dass wir Gefühle und Bedürfnisse sehen und zulassen, denn nur so funktioniert eine gute, stolze Nation.

Den Menschen als Mensch sehen – für alles die Lösung!

Sie erinnern sich, dass ich bis jetzt sehr oft gesagt habe, man könne in Deutschland sehr viel kritisieren, z. B. das Bildungssystem, das Gesundheitssystem, den Umgang mit der Umwelt, die mangelnde Umsetzung des allgemeinen Gleichbehandlungsprinzips, bestehende Diskriminierungsstrukturen und Rassismus. Dann habe ich immer zunächst mit einem „Aber" weitergemacht, damit wir uns auf unsere Möglichkeiten und Potenziale konzentrieren.

Jetzt ergänze ich noch ein „Und", denn meine Forderung, uns selbst menschlicher zu behandeln und miteinander umzugehen, hat einen weiteren, gewaltigen Vorteil:

Wenn wir uns als Menschen sehen, auf unsere Bedürfnisse achten, uns frei entfalten können, indem wir uns wertschätzend behandeln und nicht bei kleinsten Fehlern sofort bestrafen, dann werden wir sehen, wie sich all unsere Systeme, die wir jetzt durchaus kritisieren können, ebenso verbessern werden. Dann haben wir wirklich etwas Gemeinsames geschaffen, auf das wir stolz sein können!

Als Ziel – zugegeben – für den Moment noch sehr weit weg und überfordernd, aber wie heißt es so schön: Der Weg ist das Ziel. Das bedeutet: Wenn ich in meinem Umfeld darauf achte, mich wertschätzend zu verhalten, dann kann ich auch schon stolz sein. Ich bin es jedenfalls, wie ich am Anfang dieses Kapitels geschrieben habe, als ich so *selbst-bewusst* gestartet bin.

Noch einmal Klartext zum Schluss

Erinnern Sie sich an das Kapitel 2.2? Ich bin wirklich stolz darauf, dass in meinem Land die Vergangenheit nicht unter den Teppich gekehrt wurde. Ich kenne sonst kein Land, das so offensiv bis heute an der Aufarbeitung der Vergangenheit interessiert ist. So sehr, dass wir einen eigenen Begriff dafür haben: „Erinnerungskultur".

Ich finde, darauf kann nicht nur ich stolz sein, sondern wir alle. Wir haben uns, manche mehr, manche weniger, freiwillig diesem Erbe gestellt. Kaum einer leugnet ernsthaft den Holocaust, und ich denke, nicht nur, weil es laut unserer Verfassung verboten ist.

Ich finde außerdem, bei aller Kritik, dass auch die folgenden Eigenschaften, auf die wir stolz sein können, typisch deutsch sind:

Ehrlich, konsequent, tiefsinnig, was unsere Vergangenheit betrifft.
Hilfsbereit und zuverlässig im Umgang mit Menschen in Not.[36]
Neugierig und offen für andere Kulturen.

Wie klingt das für Sie? Wollen wir so gestärkt weiterreisen?
Dann kommen Sie mit …

3.3 Worauf wir aufpassen müssen

Immer wieder steht die Frage im Raum: „Wie konnte es dazu kommen?"

Zum Nationalsozialismus, zum Holocaust, aber auch zu so vielen anderen schrecklichen Geschehnissen in der Welt.

Und daraus ergeben sich die Fragen:

» Was können wir tun, um so etwas zu verhindern?
» Worauf müssen wir im Vorfeld aufpassen?

Ich finde es immer sinnvoll, sich genau anzusehen, *warum* etwas passiert ist. Auf diese Weise können wir Zusammenhänge verstehen und dementsprechend handeln.

---

36 Hierzu gibt es eine Studie, deren Ergebnisse ich in Kapitel 4 vorstelle.

Schauen wir uns also die Bedingungen und Ereignisse an, die in Deutschland zu Hitlers Machtergreifung mit den bekannten katastrophalen Folgen führten.

Es gibt selbstverständlich nicht den einen Grund, es sind immer verschiedene Faktoren, die eine Rolle spielen.

Meiner Ansicht nach waren es im Fall Hitler vier Hauptfaktoren:

1. Das Gefühl der Demütigung in der Bevölkerung, nachdem Deutschland – zu Beginn noch völlig siegesgewiss – den Ersten Weltkrieg verloren hatte. Das Volk befand sich in einem Ohnmachtsgefühle, und solche Gefühle machen äußerst anfällig für Allmachtsfantasien, Rache und die Suche nach Sündenböcken.

2. Die Weltwirtschaftskrise, die 1929 mit dem Zusammenbruch der Börse in New York begann und 1933 die größte weltweite Arbeitslosigkeit zur Folge hatte. Eine fast beispiellose Mangelsituation, die immense Not in der Bevölkerung verursachte und zusammen mit dem mangelhaften Selbstwertgefühl ein idealer Nährboden für Punkt Nr. 3 war.

3. Das verheißungsvolle Versprechen Hitlers und die tatsächliche Einhaltung, die Probleme „Ohnmacht" und „Wirtschaftskrise" zu beseitigen und für Wohlstand und Macht für das deutsche Volk zu sorgen. Wohlstand mit einer durchaus klugen Wirtschaftsstrategie, aber auch mittels militärischer Aufrüstung und Macht durch die Erfindung eines Mythos der Deutschen als

Angehörige der „arischen Rasse“, die allen anderen überlegen gewesen sein sollte.

4. Hitlers Persönlichkeit, sein politisches Geschick und sein unbedingter Wille zur Macht, d. h. der skrupellose Einsatz von massiver Gewalt, um die Macht zunächst an sich zu reißen und dann auch zu halten.

Das ist – zugegeben – eine wirklich grobe Vereinfachung der Gründe für die Machtergreifung Hitlers, aber ich möchte auch keine möglichst detailgenaue Schilderung der historischen Bedingungen wiedergeben. Ich möchte, dass wir die Alarmzeichen einer solch katastrophalen Entwicklung schnell erkennen, um in unserer Gegenwart wachsam sein und reagieren zu können.

Was also bedeuten diese vier Faktoren für unsere jetzige Situation? Worauf müssen wir aufpassen, was sollten wir sehen?

Zu 1. Gefahr des Ohnmachtsgefühls

Deutschland befindet sich mit seinem Selbstwertgefühl natürlich nicht in derselben schwierigen Situation wie nach dem Ersten Weltkrieg. Aber – und deswegen schreibe ich ja dieses Buch – die Folgen nicht zuletzt dieses Krieges sind immer noch spürbar. Deswegen reisen wir ja in diesem Buch zu uns selbst, denn unser Selbstwertgefühl ist noch nicht so weit, dass wir uns mit allem, was geschehen ist, versöhnt haben. Jetzt gilt es, uns *nicht* wieder, getrieben von Frustration, Wut und Angst, in eine neue

Allmachtsfantasie auf Kosten anderer zu stürzen! Sondern den Weg zu gehen, den ich im letzten Kapitel vorgeschlagen habe und der auf einem Nationalstolz mit Liebe, Dankbarkeit und Wertschätzung aufbaut und die Menschenrechte durch eine starke Demokratie wahrt. Das ist der beste Schutz gegen barbarische, extremistische Eskalationen, wie wir sie erlebt haben und wie wir sie auch leider immer noch erleben.

Noch einmal vereinfacht gesagt:

Wenn ich mich selbst nicht leiden kann, mich gedemütigt fühle oder unzufrieden bin, dann ist meist der erste Reflex, nach Schuldigen dafür im Außen zu suchen. Und wer suchet, der findet. Dabei setzt das Rationale, das Vernünftige (für das wir doch eigentlich so bekannt sind) völlig aus. Ich kann an dieser Stelle leider keine ausführliche Kapitalismuskritik durchführen oder die Folgen der Globalisierung für die Aufspaltung in Arm und Reich erläutern. Was ich aber sagen kann ist, dass es *niemals* einzelne Menschen oder bestimmte Gruppen von Menschen sind, die Schuld an meinen Problemen haben. System, Situation und Persönlichkeit spielen hier immer zusammen.

Deswegen:
Finger weg von Feindbildern – und zwar *egal*, welcher Art!

Zu 2. Wirtschaftskrise

Auch hier ist unsere jetzige wirtschaftliche Situation nicht so dramatisch wie 1929. Im Gegenteil, Deutschland liegt auf Platz 4 der weltweit größten Volkswirtschaften. Dafür haben wir andere Krisen, z. B. die Klimakatastrophe, die weitaus bedrohlicher ist, allerdings nicht so wahrgenommen wird, da es uns vergleichsweise (noch) gut geht. Allerdings gibt es in unserem Land genauso problematische Tendenzen, wenn die Unterschiede zwischen Arm und Reich immer größer werden oder zwischen Ost und West immer noch groß sind. Dann ist die Gefahr enorm, dass wir bei Menschen erneut ein Gefühl der Demütigung hervorrufen – mit den bekannten Risiken.

Zu 3. Mythosbildung

An dieser Stelle muss ich etwas ausholen, denn dieser Punkt ist meiner Meinung nach sehr sensibel und von der Vergangenheit besonders belastet.

Wir haben gesehen, dass Hitler auf der einen, sehr praktischen Seite der Wirtschaft eine Lösung angeboten hat. Kurzfristig nur, allerdings für den Moment, d. h. für den Plan der Machtergreifung und -erhaltung, völlig ausreichend.[37]

37 Haffner (1981).

Auf der anderen Seite stand die Frage nach der Überwindung der Ohnmacht, die Hitler mit Allmachtsfantasien bekämpfte, die keine Fantasien blieben. Dafür benutzte er ein weiteres menschliches Bedürfnis, das über das des eigenen Selbstwertes hinausgeht: das spirituelle Bedürfnis nach Verbundenheit mit einem höheren Ganzen.

Dieses Phänomen bzw. Bedürfnis habe ich bereits in Kapitel 3.1 beschrieben. Allerdings noch ohne die spirituelle Komponente, die Hitler wiederum meisterhaft für seine Zwecke instrumentalisierte.

Er erfand eine *politische Religion*. Mit allem, was dazugehört, wie die Geschichte der arischen Rasse, Symboliken wie das Hakenkreuz und Parteitage, die wie monumentale Gottesdienste aussahen, mit ihm als heilsbringenden Messias. Ich erinnere mich an die Schilderung meiner Großmutter, als sie 1937 auf einem Parteitag in Nürnberg gewesen war, inhaltlich nicht viel mitbekommen hatte, die Stimmung und Energie allerdings als außerordentlich ergreifend und beeindruckend schilderte.

All diese Elemente gibt es in vielen Religionen, Sekten oder anderen Glaubensgemeinschaften oder völkischen Bünden. Sie bedienen alle das gleiche Bedürfnis des Menschen nach spiritueller Verbundenheit mit einem höheren Sinn, Wesen oder „Ganzen".

Ich bin zutiefst davon überzeugt, dass wir spirituelle Wesen sind und ohne diese Spiritualität nur bedingt glücklich und friedlich sein können. Jeder, der glücklich ist, glaubt an etwas, und dieses Etwas muss nicht unbedingt ein Gott oder eine Glaubensrichtung sein. Ich kann auch einfach in der Natur meine göttliche Verbundenheit spüren oder in den Menschen um mich herum.

Spiritualität ist also ein großes Bedürfnis von uns allen. Allerdings ist Spiritualität in Deutschland eher etwas für Randgruppen, für Esoteriker*innen oder vielleicht Christ*innen, die gerne mal belächelt werden. Ernsthaft darf man im öffentlichen Raum, in beruflichen Zusammenhängen oder in der Schule kaum mit dem Thema auftreten.

Oder was denken Sie spontan bei Spiritualität?

Oder wie sind die Reaktionen in Ihrem Umfeld, wenn Sie von Ihrem Glauben erzählen?

Das alles ist natürlich ebenfalls Erbe der NS-Zeit, weil Hitler ganz besonders hier die Menschen im Kern ihrer emotionalen Bedürfnisse verletzt hat. Stellen Sie sich vor, jemand schafft es, Sie dermaßen zu begeistern, dass Sie ihm blind vertrauen und folgen, und dann stellt sich heraus, dass er mit Ihrer Begeisterung und Unterstützung massenhaft gemordet, geplündert und zerstört hat. Ein Missbrauch, eine emotionale Vergewaltigung.

Kein Wunder, dass die Deutschen allem, was nach Spiritualität und Glaube aussieht, sofort – jedenfalls offiziell – aus dem Weg gehen.[38]

---

38 Auch ein Grund für den deutschen Kulturstandard *Sachlichkeit* aus dem Kapitel 3.1.

Inoffiziell allerdings blüht die Welt der Esoterik, des Transzendentalen, der Religionen, besonders derer, die weit von uns entfernt sind, wie z. B. der Buddhismus. Aber auch Naturreligionen oder neue Auflagen des Germanentums, Astrologie, Numerologie, schwarze und weiße Magie usw. bedienen dieses menschliche Bedürfnis.

Wir befinden uns also in dem Dilemma, dass wir einerseits Spiritualität brauchen, andererseits große Angst davor haben und versuchen, diesem Bedürfnis genauso mit Rationalität zu begegnen, wie wir es auch beim Thema Emotionalität tun, weil immer die Gefahr von Missbrauch im Raum steht.

Ich möchte dazu aufrufen und ermutigen, dass wir uns eine Form der Spiritualität, des Glaubens suchen, um uns sicher verankern zu können. Wir müssen nur wahnsinnig aufpassen, mit was wir es zu tun haben.

Folgende Fragen können dabei vielleicht hilfreich sein:

» Ist meine Spiritualität rein zum Wohl des Menschen aufgebaut?
» Ist sie ausschließlich von der Kraft der Liebe zu sich selbst und anderen getragen?
» Dürfen alle, die möchten, teilhaben?
» Sind Andersdenkende gleichberechtigt?

Natürlich können diese einfachen Fragen keinen Missbrauch verhindern, aber, so hoffe ich, uns alle für diese Gefahr sensibilisieren.

Sobald wir andere Menschen diskriminieren oder ausschließen, damit wir uns selbst besser fühlen, wird es sofort gefährlich! Das gilt für alle Gruppen, die sich darüber definieren, dass sie besser sind als andere und nicht einfach eine gute Gruppe. Ist eine bestimmte Gruppe von Menschen erst einmal ausgeschlossen von der Gemeinschaft, dann ist es erschreckend zu sehen, wie schnell für sie die eigentlich allgemeingültigen Gesetze oder Menschenrechte plötzlich nicht mehr gelten.

Ich rede hier übrigens nicht nur von Rechtsextremist*innen, die Jagd auf Andersaussehende machen. Ich rede von uns allen als einzelne, vermeintlich unschuldige Personen, denn wir denken eigentlich immer, dass wir nicht selbst diskriminieren, denn *unsere* Art zu denken sei ja die richtige.

Das dachte ich ja auch. Bis mich jemand gefragt hat, ob ich stolz bin, Deutsche zu sein …

Wir müssen mit der Kontrolle immer bei uns selbst anfangen, nur dann können wir uns und andere vor Selbstgerechtigkeit und Betriebsblindheit schützen.

Zu 4. Hitlers Persönlichkeit

Vorsicht vor selbsternannten Heilsbringern, bei denen man nur für oder gegen sie sein kann! Die ihre Interessen mit Gewalt oder illegalen Praktiken durchsetzen und die wirtschaftliche oder politische Erfolge als Rechtfertigung für Gewalt und Diskriminierung benutzen. Das gilt auf der großen politischen Bühne genauso wie in unserem kleinen Alltag. Ich denke, Ihnen fallen genug Beispiele ein …

Abgesehen von diesen vier Faktoren aus der Vergangenheit, auf die wir aufpassen müssen, liegen mir ein paar weitere Punkte für unsere Gegenwart genauso am Herzen:

Wir sollten uns schämen!

Nicht für das, was wir sind, sondern für das, was vielleicht vor unseren Augen geschieht, ohne dass wir es verhindern. Zum Beispiel, wenn ich sehe, dass ein Mensch in meiner Umgebung gedemütigt wird. Wenn ich mich dafür schäme und deswegen eingreife, dann ist das die sogenannte empathische Scham, die Gutes bewirkt und die wir öfter empfinden sollten.

Wir müssen jedoch gleichzeitig aufpassen, dass wir *keine Gruppenscham* empfinden. Gruppenscham bedeutet, dass ich mich von bestimmten Menschen distanziere, also „für sie schäme", weil gesellschaftlich Mächtigere sie als wertlos diffamiert haben (im NS-Regime jüdische Menschen, Sinti und Roma usw.). Damit mir nicht dasselbe passiert, halte ich mich dann nicht nur fern, sondern befeuere diese Diskriminierung, diese Scham auch noch.

Wir müssen differenziert denken, nicht zynisch, nicht der Propaganda glauben, weil es eben so schön einfach, sicherer und teilweise ja auch lustig ist.

Außerdem gilt immer wieder VORSICHT: Nichts schweißt eine Gruppe so schnell zusammen wie ein gemeinsames Feindbild!

Diskriminierung geschieht viel schneller, als wir denken, und wir verharmlosen in unserem Alltag oft mit Sätzen wie: „Das ist doch nur Spaß. Das meine ich doch gar nicht so, wenn ich sage, dass die … eben unzuverlässig oder aggressiv oder was auch immer sind.“

Ich möchte auf keinen Fall jemandem den Spaß im Umgang mit Menschen verderben! Freund*innen und Familie können ein Lied davon singen, wie viel Spaß sie mit mir haben … Aber ich versuche, immer darauf zu achten, dass keine Schmerzgrenze überschritten wird. Das kann auch mal danebengehen, und dann entschuldige ich mich. Wir sollten unser Einfühlungsvermögen in diesem Bereich unbedingt trainieren, um zu verhindern, dass aus Spaß bitterer Ernst wird.

Wenn wir keinen ausschließen (dürfen), dürfen dann alle mitmachen?

Ja. Alle, die mitmachen möchten, die sich positiv in die Gemeinschaft einbringen wollen, sich an das Grundgesetz halten und sich mit der Idee der Verbundenheit aller Menschen identifizieren können.

Es ist einfach nicht möglich und sinnvoll, nach anderen Kriterien zu unterscheiden, denn es gibt bereits so viele verschiedene Menschen in Deutschland, und die Frage „Wer ist jetzt deutsch?“ kann gar nicht beantwortet werden. Wenn man z. B. sagt: Deutsch sind diejenigen, die einen deutschen Pass haben, dann sind das ganz viele Menschen, die zwar offiziell deutsch sind, aber nicht „deutsch gelesen“ werden, d. h. nicht als Deutsche anerkannt werden. Das sind z. B. Türk*innen, die hier geboren und aufgewachsen sind, perfekt Deutsch sprechen und trotzdem immer wieder die Frage gestellt bekommen: „Woher kommst du?“

Demokratie ist kein Ponyhof

Wir leben in einer Demokratie. Das ist das beste aller politischen Systeme, um Menschenrechtsverletzungen zu verhindern, d. h., mein Recht ist genauso viel Wert wie Ihres oder das *jedes* anderen Menschen.

Zu den Menschenrechten gehört übrigens auch das so unfassbar wichtige Recht, eine eigene Meinung zu haben. Ich ernte nicht selten skeptische Blicke und Widerspruch, wenn ich die Meinungsfreiheit in Deutschland lobe.

Hierbei sollten wir auf ein typisches Missverständnis aufpassen:

Meinungsfreiheit bedeutet *nicht*, dass ich meine Meinung sagen kann, ohne Widerspruch erwarten zu müssen! Meinungsfreiheit bedeutet, dass ich meine Meinung sagen kann, ohne vom Staat inhaftiert oder getötet zu werden.

Demokratie und Meinungsfreiheit müssen ausgehalten werden, d. h., ich muss aushalten, dass ein Familienmitglied, mein Freund, meine Nachbarin, mein Arbeitskollege oder die Frau, deren Buch Sie hier gerade lesen, eine *andere* Meinung hat als ich. Das ist wahnsinnig anstrengend! Aber es ist der Kern der Demokratie, und deswegen sollten wir lieber früher als später mit dem Training anfangen, andere Meinungen auszuhalten. Es ist ein Ringen, wie Angela Merkel es oft genannt hat. Zäh, langwierig, anstrengend. Demokratische Debatten gehen oft über Stunden, manchmal auch Tage! Das Problem gibt es in einer Diktatur natürlich nicht. Aber wenn wir wissen, warum wir diese Anstrengungen auf uns nehmen und welchen Gewinn wir daraus ziehen, lohnt es sich auf jeden Fall!
Ich habe das schon so oft gedacht, wenn ich mir die Zeit genommen habe, die Meinung eines anderen Menschen, die absolut nicht meine ist, trotzdem anzuhören. Es ist ganz erstaunlich, wie viel ich selbst lerne, aber auch, wie viel bei meinem Gegenüber bewegt wird durch meine Meinung.

Wir haben Macht!

Vielleicht sagen Sie jetzt: „Ach, was soll ich schon ausrichten?"

Ich kann nur sagen, dass Politiker*innen fast nichts anderes tun, als nervös den Puls der öffentlichen Meinung zu prüfen. Nicht immer mit den Ergebnissen, die wir uns persönlich wünschen, aber wir haben schon vieles erreicht mit öffentlichem Druck. Dazu müssen wir wissen, was wir wollen, in welcher Gesellschaft wir leben wollen, die Basis für unsere Beteiligung.

Sie lesen dieses Buch, deswegen gehe ich davon aus, dass Sie interessiert sind an dieser Frage und dass Sie auf der Suche nach einer Antwort für sich sind.

Folgender Vorschlag von mir:

Ich möchte in einer freien Gesellschaft leben, die mir und allen anderen Menschen Sicherheit geben kann.

Ich möchte für alle körperliche und seelische Unverletztheit.

Ich möchte eine Gesellschaft, in der ich das sein und tun kann, was ich möchte, unter der Voraussetzung, dass ich damit andere in ihrer Lebensweise nicht oder möglichst wenig einschränke.

Ich möchte die Vielfalt unserer Gesellschaft als Bereicherung verstehen und mich als wertvollen Teil davon.

Ich möchte, dass gewalttätiges und unsoziales Verhalten unterbunden wird.[39]

Darauf passe ich in meinem persönlichen Umfeld auf.

---

39 Sehr interessant hierzu: ZDF (2022).

So, genug aufgepasst, jetzt sollen andere auch mal zu Wort kommen …

4. Exkursion

Was sagen andere über uns?

Die Gesellschaft für internationale Zusammenarbeit[40] hat im Laufe der Jahre immer wieder Studien durchgeführt mit dem Titel „Deutschland in den Augen der Welt“.

Die letzte stammt von 2018[41], und seitdem ist zwar einiges geschehen, aber die Ergebnisse bleiben, wie ich finde, spannend. In der Einleitung der Studie steht:

> »Zieht die größeren Schuhe an, sie werden euch passen!«, hatte es schon bei der ersten Deutschlandstudie aus dem Jahr 2012 dezidiert geheißen. Deutschland solle eine aktivere Rolle in der Welt spielen und damit seiner Wirtschaftskraft und seinem politischen Ansehen besser entsprechen, lautete die Forderung.[42]

---

40 GIZ – eine Organisation der Entwicklungszusammenarbeit, die im Auftrag verschiedener Ministerien der Bundesrepublik Deutschland international tätig ist und bei der ich mein zweites Praktikum in Nicaragua absolviert habe.

41 GIZ (2018).

42 GIZ (2018), S. 2.

Dieser Trend hat sich bis 2018 fortgesetzt und angesichts der globalen Entwicklungen sogar noch verstärkt, denn weiter heißt es:

> Die Welt ist in Aufruhr, Europa wird gebraucht, ihr Deutschen werdet gebraucht, als Hüter der Werte der westlichen Welt und zum Wohle möglichst vieler Menschen. Auch und gerade als Gegengewicht zu den drei Großen USA, Russland und China, die – neuerdings – jeder auf seine Weise eher eigenmächtig agieren.[43]

Sehr positiv und mit großem Respekt wurde der Umgang mit geflüchteten Menschen im Ausland wahrgenommen und hat „das Bild vom tüchtigen und effizienten Deutschen gewissermaßen weichgezeichnet und um die Facette des humanitären Weltbürgers ergänzt".

Weitere sehr gute Noten erhält Deutschland vom Ausland zum Thema Werte und Institutionen:

> Es hält Gerechtigkeit und Rechtsstaatlichkeit hoch, hat stabile Institutionen, einen intakten Wohlfahrtsstaat und gilt dem Ausland insgesamt als ›reif‹ und ›vorbildlich‹. Eine aktive Zivilgesellschaft und eine ausgeprägte Konsens- und Debattenkultur runden das Bild ab.[44]

Allerdings halten die Befragten das als ansonsten sehr modern wahrgenommene Deutschland für wenig fortschrittlich, wenn es um gesellschaftliche Themen geht – „Stichwort Gleichstellung der Geschlechter, Gleichberechtigung Homosexueller und Ehe für alle oder Organisation der Familien; aber zugleich für am Menschen

43 GIZ (2018), S. 2.

44 GIZ (2018), S. 3.

und an Werten orientiert und insgesamt für sehr solide. Das findet überwiegend Anklang".[45]

Als Wirtschaftsstandort gilt Deutschland weiterhin als top und steht für Qualität und starke Marken. Man fragt sich im Ausland allerdings auch, ob es nicht schwierig werden könnte, dass Deutschland hauptsächlich von seinen Leistungen aus der Vergangenheit zehrt und damit den Anschluss an die Digitalisierung verpasst.

Zum Thema Wirtschaft gibt es vom Ausland noch weitere Rückmeldungen:

> Verwundert registrieren die Befragten, neben einer generellen Risikoscheu, auch eine gehörige Portion Skepsis gegenüber neuer Technik …
>
> Großen Nachholbedarf sehen sie bei der Bereitschaft, Dinge einfach einmal auszuprobieren, Misserfolge wegzustecken, sie als Erfahrungen auf einem Weg zu betrachten und von Neuem zu beginnen.[46]

Zum Abschluss:

> Schlechte Noten bei der Vermarktung
>
> Schließlich wundert sich das Ausland […], warum Deutschland international so wenig aus sich macht […] Warum vermittelt es Land und Leute nicht besser? Bekannt sind demnach hauptsächlich die Klassiker – Mercedes, Porsche und BMW genauso wie Goethe und Schiller –, aber den Rest kennt man nicht oder

45 GIZ (2018), S. 3.

46 GIZ (2018), S. 4.

> nicht gut genug. Hier herrscht offenbar ein Vermittlungsdefizit, denn das Interesse von außen ist vorhanden. Und durch Berlin als ›hippe‹ Metropole im Herzen Europas haben die Befragten auch einen ersten Eindruck von dieser anderen Seite erhalten, von der modernen, interessanten und pulsierenden Seite. Von der möchte man mehr sehen – und fragt sich, warum Deutschland die Kulturvermittlung nicht noch mehr als strategisches Instrument nutzt, wie es andere Nationen längst tun.[47]

Ich finde diesen Blick der Welt auf uns sehr aufschlussreich, denn vieles von dem, was die Studie beschreibt, haben wir ja bereits in Kapitel 3 gesehen. Die Ergebnisse sind für mich außerdem sehr motivierend. Die zentrale Botschaft lautet:

Mehr Mut und Selbstvertrauen, um Verantwortung für ein gelingendes Miteinander zu übernehmen!

Das war eine kurze Exkursion ins Ausland, ich habe mich aber auch noch einmal persönlich auf die Reise zu einzelnen, spannenden Menschen begeben, um sie und auch mich besser kennenzulernen. Hier kommen ihre Lebensgeschichten …

47 GIZ (2018), S. 4.

4.1 Deutsch-muslimisch-türkisch

Dilek: Wir sind alle Menschen in einer gemeinsamen Welt

Unsere erste Exkursion unternehmen wir zu Dilek. Dilek hat meine Internetseite programmiert, und als ich sie bei einer Besprechung spontan frage, ob ich sie für mein Buch interviewen darf, sagt sie sofort Ja.

Dilek kommt mit 18 Jahren nach Deutschland. Bei einer Hochzeit lernt sie ihren zukünftigen Mann kennen. Er ist Türke und lebt in Deutschland. Eigentlich will sie in der Türkei studieren, aber ihr Vater lässt durchblicken, dass sie wahrscheinlich nicht in eine fremde Stadt ziehen und dort studieren darf. Daher entscheidet Dilek sich für eine Heirat und zieht zu ihrem Mann und seiner Familie nach Deutschland. Ihre Schwiegerfamilie lebt viel traditioneller als ihre eigene in der Türkei, und sie kann sich nur innerhalb der familiären Strukturen bewegen. Sie erzählt, dass die Familie viele Vorurteile gegenüber Deutschen hat, und auch sie selbst empfindet die Deutschen zunächst als kälter, verschlossener und nicht so emotional wie die Menschen in der Türkei.

Sie lässt sich aber nicht von den Vorurteilen beeinflussen und will sich ein eigenes Bild machen. Sie geht zur Berufsschule und bemüht sich sehr, schnell Deutsch zu lernen, um ihren Schulabschluss zu machen. In der Türkei hat sie zwar eine Ausbildung im Bereich Informationstechnik angefangen, musste sie jedoch, bedingt durch die Heirat und ihre Auswanderung, abbrechen. Sie erinnert sich daran, dass sie sich in ihrer Ausbildungszeit sehr über das Verhalten der deutschen

Schüler*innen gewundert hat, weil diese sich gegenüber dem Lehrpersonal „sehr locker“ benahmen, wie sie sagt. In der Türkei seien Lehrkräfte Respektspersonen und die Schüler*innen viel gehorsamer als in Deutschland.

Dilek muss zwar ihre Aus- und Fortbildungen immer wieder abbrechen, unter anderem, weil sie schwanger wird und ihre Mutter stirbt. Allerdings lernt sie durch ihren Sohn andere Mütter und Eltern kennen und kann sich so integrieren. Als sie 23 Jahre alt ist, lassen ihr Mann und sie sich scheiden, und danach arbeitet sie als Bürokraft, Assistentin der Geschäftsführung und macht unterschiedliche Fortbildungen, u. a. im Bereich Mediendesign. Heute ist sie selbstständige Webdesignerin und regelt ihr Leben mit ihrem Sohn allein.

Ich bewundere ihren Mut und ihre Kraft, sich in Deutschland als alleinerziehende, türkische Frau ohne staatliche oder sonstige finanzielle Unterstützung durchzusetzen.

Ihre Herkunftsfamilie lebt in der Türkei, und ich frage sie, ob sie nie den Gedanken hatte, wieder nach Hause zu gehen. Sie sagt Nein, denn in Deutschland fühle sie sich als geschiedene und alleinerziehende Frau sicherer und freier als in der Türkei.

Erstens sei für sie der Gedanke beruhigend, dass sie Hilfe bekommt, wenn sie in Not geraten sollte, und auch wenn sie noch nie Sozialhilfe beantragt hat, sei es für sie gut zu wissen, dass „Deutschland hinter ihr ist“. Außerdem könne sie als Frau in Deutschland arbeiten, überall hingehen und mitmachen, wo sie möchte, und sie würde nicht von fremden Männern ungebeten angesprochen.

Das lässt mein deutsches Frauenherz höherschlagen, denn ich freue mich so, dass Dilek in Deutschland ihre Freiheit leben und genießen kann.

In der Türkei würde sie sich eher fremd fühlen, weil sie ihre prägendsten Jahre in Deutschland verbracht hat, hier integriert ist und sich zugehörig fühlt. Sie erinnert sich, als sie das erste Mal nach ihrer Auswanderung in die Türkei zurückkommt und aus dem Flugzeug steigt: Alles sei gelb, trocken, heiß und laut gewesen.

In Deutschland hingegen sei im Vergleich alles grün und ruhig. Auch die Mentalität der Deutschen, immer etwas Abstand zu halten und ihre Privatsphäre zu wahren, gefalle ihr sehr gut. Den Umgang der Menschen in der Türkei empfindet sie als eher übergriffig und anstrengend. Sie weiß nicht genau, ob sie immer schon so als Mensch gewesen sei oder ob sie sich einfach an die deutsche Kultur gewöhnt habe.

Ich frage Dilek, ob sie stolz ist, Deutsche zu sein. Sie antwortet, dass sie das so nicht sagen würde, weil sie dafür viel zu viel Interesse auch an anderen Kulturen habe. Sie wolle sich nicht durch eine Nationalität oder eine streng definierte Zugehörigkeit einschränken lassen. Sie plane eine Weltreise, um so viel wie möglich von der Welt zu sehen. Andere Kulturen faszinierten sie, weil die Menschen so unterschiedlich seien.

Als Beispiel vergleicht sie die türkische und die deutsche Mentalität: „Die Menschen in der Türkei sind sehr warm, herzlich, hilfsbereit und leidenschaftlich. Dafür hat man wenig Privatsphäre und persönlichen Freiraum."

Die Menschen in Deutschland seien diszipliniert, rechtschaffen, hielten sich an Regeln und Gesetze und respektierten die Privatsphäre. „Dafür kommt leider aber auch keiner, wenn du Hilfe brauchst", lacht sie.

Dilek hat den Eindruck, dass die Deutschen manchmal nicht helfen würden, weil sie Sorge hätten, etwas falsch zu machen und dann verklagt zu werden. In der Türkei käme man nie auf so einen abwegigen Gedanken. Dort würde geholfen, wo es nur gehe, auch wenn die Hilfe es am Ende vielleicht noch schlimmer mache. In der türkischen Kultur gehe es immer um Gemeinschaft und menschliche Gefühle.

Worauf Dilek stolz ist, sind ihre Erfahrungen, die sie durch ihre Einwanderung nach Deutschland sammeln durfte. Sie sei stolz, dass sie eine fremde Kultur so tief habe kennenlernen und in ihr bestehen können. Sie sagt auch, dass sie nicht durch oder auf ihre Nationalität stolz sei. Vielmehr betont sie, dass sie stolz sei, Mensch zu sein und Menschen aus unterschiedlichen Kulturen zu kennen und wertzuschätzen, wie unterschiedlich diese Menschen lebten.

Ich frage Dilek, ob sie bisher schon diskriminiert worden sei. Sie erzählt mir von einer Beobachtung der Klicks auf ihrer Internetseite. Sie kann das Verhalten der Besucher*innen auf ihrer Seite anhand der Mausbewegungen nachvollziehen.

Dabei hat sie festgestellt, dass viele Besucher*innen, nachdem sie auf „Kontakt" geklickt haben und dann ihren türkischen Namen sehen, sofort die Seite verlassen. Sie vermutet dahinter durchaus ein diskriminierendes Verhalten oder mangelndes Vertrauen wegen ihres offensichtlich türkischen Namens.

Ich denke, dass wir immer wieder davon hören, dass Menschen aufgrund ihres Namens bestimmte Attribute zugeschrieben oder kein Vertrauen bekommen. Eine Freundin von mir hat ganz bewusst bei der Heirat mit ihrem albanischen Mann ihren deutschen Mädchennamen behalten. Sie meinte, sie wisse, warum …

In persönlichen Begegnungen hat Dilek beim ersten Nachdenken keine schlechten Erfahrungen gemacht. Sie erzählt nur, dass sie oft von Freundinnen höre, dass deren Kinder in der Schule diskriminiert würden. Sie sagt aber auch, dass diese Beschwerden vielleicht damit zusammenhingen, dass man als Elternteil seinem Kind nicht die Schuld geben wolle, wenn es in der Schule Probleme gebe. Ihr Sohn hätte auch Probleme in der Schule gehabt, ohne dass sie Diskriminierung vermutet habe. Vielleicht seien manche auch zu empfindlich. Dilek sagt von sich, dass sie positiv eingestellt sei und erst mal keine Diskriminierung vermute.

Dann aber berichtet sie doch von einer Erfahrung im Kindergarten, die sie als diskriminierend empfunden habe. Ihr sei damals von den Erzieherinnen gesagt worden, dass sie mit ihrem Sohn einen Test machen solle, weil er in ihren Augen Förderbedarf gehabt hätte. Aus Dileks Sicht habe es keinen Grund dazu gegeben, aber die Erzieherinnen hätten auf dem Test bestanden, und sie habe sich letztendlich quasi dazu gezwungen gefühlt. Der Test habe dann keine Auffälligkeiten ergeben. Dilek hatte jedoch beobachtet, dass alle mehrheimischen Eltern dazu aufgefordert worden seien, mit ihren Kindern einen Test zu machen. Wenn nämlich Förderbedarf diagnostiziert worden wäre, hätten die Kinder in eine andere, spezialisierte Einrichtung gehen müssen. Sie vermutet, dass dieses Vorgehen ein Versuch gewesen sei, möglichst viele mehrheimische Kinder „loszuwerden".

Trotzdem seien die Erzieherinnen sehr nett gewesen und hätten die kulturellen Besonderheiten der mehrheimischen Kinder respektiert und geachtet. Beispielsweise hätten sie auf Lebensmittel mit Schweinefleisch verzichtet. Dilek vermutet, dass diese Tests mehrheimischer Kinder gar nicht unbedingt böse gemeint gewesen seien, sondern eher das Ergebnis eines Vorurteils, nämlich: ausländischer Name = Förderbedarf.

Vielleicht hätten die deutschen Eltern auch nicht so viele nicht deutsche Kinder im Kindergarten gewollt. Sie erinnert sich an die Schulzeit ihres Sohnes, als es zwei Parallelklassen gegeben habe und in der einen Klasse nur deutsche Kinder gewesen seien und in der Klasse ihres Sohnes nur ausländische. Für sie sei das kein Problem gewesen, weil sie gerne mit anderen Kulturen zusammen sei und das auch für ihren Sohn gut gefunden habe. Sie sagt, dass man dadurch Horizonte öffne und neue Ideen und Visionen bekomme, wie man leben könne.

An dieser Stelle schlägt mein Herz schon wieder höher, weil es genau das ist, was ich vermitteln möchte und was als Spruch auf meiner Visitenkarte steht: andere Kulturen als Bereicherung empfinden …

Eine Zeit lang sagte ihr Sohn, dass Deutsche „mehr Toleranz bekämen". Dilek erwiderte daraufhin, dass das nicht stimme und er nur das sehen würde, was er sehen wolle. Sie wollte nicht, dass er so etwas sagt, denn: „Wenn du so negativ denkst, dann ziehst du auch solche Menschen an."

Nach Dileks Hinweisen und Gesprächen darüber hörte die Phase ihres Sohnes nach ein paar Monaten auf.

Dilek bekräftigt:
„Wenn du denkst, du wirst diskriminiert, dann diskriminierst du auch irgendwann selbst. Diskriminiert werden kann jeder."

Ich finde, diesen Satz sollten wir uns alle merken!

Dilek möchte keine Diskriminierung und kein Denken in Vorurteilen. Sie möchte, dass die Werte von anderen Kulturen akzeptiert werden und damit ihre eigenen natürlich auch.

Ich frage sie, was sie denkt, wenn sie den Satz hört: „Ich bin stolz, Deutsche zu sein." Sie antwortet, wenn sie ehrlich sei, drehe sich ihr bei diesem Satz der Magen um: „Warum, fragt sie, sollte man stolz sein oder worauf genau?"

Sie würde sich klein fühlen, wenn eine deutsche Person oder irgendjemand anders käme und sagen würde: „Ich bin stolz, was auch immer zu sein."

Für sie ist diese Formulierung fast schon so, als ob derjenige sagen würde:
„Ich bin wertvoller als du."

Ich frage sie, ob sie nachvollziehen kann, dass Deutsche oder Menschen allgemein das Bedürfnis haben, stolz auf ihr Land oder ihre Herkunft zu sein.
Sie antwortet, dass es „auf den Hintergrund ankommt".

Wenn jemand sagt: „Ich mag es, wie die Menschen sich in meiner Kultur verhalten, und bin deshalb stolz", dann ist diese Aussage für sie okay. Aber wenn der Hintergrund dieser Aussage ist: „Du bist schlecht, ich bin besser", dann sei es unangenehm. Außerdem käme es auch auf die Situation an. Wenn es ein normales Gespräch sei, dann sei so eine Aussage auch in Ordnung, aber in einem Streit sei es böse.

Dilek fügt hinzu, dass sie stolz sei, Deutschland im Kriegsfall zu verteidigen, und sie würde das auch als ihre Pflicht ansehen. Sie vermutet, dass viele Türk*innen die Ersten wären, die Deutschland in einem Krieg verteidigen würden, denn die türkische Kultur sei sehr kampfbereit. Das sehe sie daran, dass es in der Türkei auch viele Gruppen gebe, die miteinander streiten.

Sie spürt aber seit ihrer Ankunft 2003 in Deutschland, dass sich schon viel beim Thema Integration getan habe und dass die Akzeptanz, in diesem Fall von türkischstämmigen Menschen, größer geworden sei. Viele seien in guten Berufen tätig, sogar in der Politik!

Das schaffe in ihren Augen Vertrauen, und sie ergänzt: „Man merkt schon, wir gehören zusammen, weil wir in einem Land leben."

Dilek ist stolz, dass sie die gleichen Rechte hat wie Deutsche, auch wenn sie aus einem anderen Land hierhergekommen ist. Sie würde der Aussage zustimmen, dass sie eher dankbar ist, in Deutschland zu leben, nicht unbedingt stolz.

Dilek fragt sich, warum es Deutsche gebe, die sich schuldig fühlen, auch wenn sie nicht für Hitler gewesen seien. Sie überlegt auch, was der Auslöser für die Eltern oder Großeltern von Deutschen gewesen sein könnte, im Nationalsozialismus mitzumachen. „Offenbar", sagt sie, „gab es irgendetwas, das gefehlt hat. Irgendein Bedürfnis, das nicht befriedigt war und Hitler dadurch mit seinem Hass so viel Beifall bekam."

Sie sagt, dass sie sich vorstellen könne, dass es das Gefühl der Gemeinsamkeit gewesen sei, das verführt habe. Sie beobachtet, dass den Deutschen generell ein Gefühl für die Gemeinschaft, für eine gemeinsame Sache zu kämpfen, fehle. Möglicherweise sei es dieses Gefühl, das Hitler bedient habe und „die Deutschen so genossen haben".

Dilek hat Konzentrationslager besucht und viele Reportagen über Hitler gesehen. Dabei sei ihr aufgefallen, wie manipulativ er gesprochen habe und wie wirkungsvoll bzw. aussagekräftig diese Reden gewesen seien. Sie wundert sich, dass damals so viele Menschen mitgemacht hätten, aber könnte sich auch vorstellen, dass Hitler mit seiner leidenschaftlichen Art, wie sie es ausdrückt, ein weiteres Bedürfnis der Deutschen angesprochen habe, nämlich das nach Emotionalität, die ebenfalls kaum eine Rolle in der deutschen Kultur spiele.

Aber man könne diese Bedürfnisse nach Gemeinschaft und Emotionen ja auch auf eine gute Weise bedienen. Sie spricht den Krieg in der Ukraine an und gibt zu bedenken, dass die Situation auch für uns gefährlich werden könne, wenn wir untereinander nicht „für den Frieden zusammenhalten". Deswegen sei es so wichtig, dass mein Buch bald erscheine, wir darüber sprechen und uns friedlich verständigen würden. Anstatt gegeneinander zu kämpfen, müssten wir zusammenhalten. „Das wird natürlich schwierig, wenn Regierungen eben nicht zusammenarbeiten, sondern sich bekriegen und die Menschen des jeweiligen Landes für das Handeln der Regierung verantwortlich gemacht werden." Damit meint Dilek, dass ich beispielsweise von anderen für das Handeln des deutschen Bundeskanzlers Olaf Scholz persönlich verantwortlich gemacht werde oder sie für das Handeln von Recep Tayyib Erdoğan, Präsident der Republik Türkei.

Dilek findet auch, dass sich natürlich auch ganz konkret türkisch- und deutschstämmige Menschen nicht gegeneinander wenden sollten. Ihrer Meinung nach ist die Generation der Türk*innen, die hier geboren sind, schon viel besser integriert, und die Unterschiede sind nicht mehr so groß wie früher.

Sie erzählt mir als Beispiel, dass es mittlerweile viele deutsch-türkische Hochzeiten gebe und passend dazu Influencer*innen auf YouTube, die Ehetipps gäben oder Fragen zu ihren interkulturellen

Ehen beantworteten. Solche Ehen seien nach ihrem Empfinden heute deutlich häufiger als früher, und besonders für türkische Frauen sei es mittlerweile leichter, einen deutschen Mann zu heiraten. Mittlerweile sei es in ihrer Umgebung egal, welche Nationalitäten untereinander heirateten.

Im Anschluss erzählt sie mir noch von einer Reportage über Obdachlosigkeit, die im Bayerischen Rundfunk gelaufen sei und die sie am Vortag auf YouTube gesehen habe. Dort sei darüber berichtet worden, dass es für Obdachlose in der Türkei keinerlei staatliche Unterstützung gebe und nur Menschen ehrenamtlich helfen würden. Dilek habe in den Kommentaren unter dem Video gelesen, dass keiner den türkischen Staat kritisierte, sondern alle – die meisten Kommentare kamen von Deutschen – die Initiative der helfenden Menschen gelobt hätten. Das habe sie wirklich sehr gefreut und ist für sie ein tolles Beispiel, wie wir positiv miteinander umgehen können.

Zum Abschluss unseres Gesprächs ist es Dilek ganz wichtig, dass ihre Idee von uns allen als Menschen derselben Welt klar wird und weniger das Bild als Menschen verschiedener Nationen.

Damit spricht sie mir aus der Seele. Wir sollten unsere Verbundenheit als Menschen sehen, alle mit denselben Bedürfnissen nach Sicherheit, Geborgenheit und Liebe.

4.2 Afrodeutsch

Unsere zweite Exkursion führt uns zu einer weiteren, sehr besonderen Frau: Miriam Caballero.

Miriam wird 1981 in Schwerin als Tochter einer deutschen Mutter und eines guineischen Vaters geboren. Mit dem westafrikanischen Guinea unterhält die DDR ab den 1970er-Jahren diplomatische Beziehungen, und Miriams Vater erhält ein Visum, um in der DDR zu studieren. In dieser Zeit lernen sich Miriams Eltern kennen, und Miriam wird geboren.

Als sie drei Jahre alt ist, wird ihr Vater aus der DDR ausgewiesen, obwohl die Eltern alle notwendigen Anträge stellen, um das zu verhindern. Danach verläuft sich der Kontakt irgendwann, und heute hat Miriam keine Verbindung mehr zu ihrem Vater oder anderen Familienmitgliedern in Guinea.

An dieser Stelle wundere ich mich: Wie, kein Kontakt zum Vater oder anderen Familienmitgliedern? Das ist aber merkwürdig, man muss doch Kontakt zu seiner Familie haben – so sagt jedenfalls eine überzeugte Stimme in mir.

Dann aber denke ich an meine Seminare, in denen ich so viel Wert darauf lege, dass alles sein darf, auch wenn ich es im ersten Moment vielleicht nicht nachvollziehen kann, weil es mir fremd ist.

Ich merke hier einmal mehr an mir selbst, wie schnell man doch das Leben anderer bewertet, ohne Hintergründe wirklich zu kennen und – vor allen Dingen – ohne dass es dafür einen Grund gibt!

Ich frage Miriam nach ihrer Kindheit in der DDR, und sie erzählt, dass sie selbstverständlich damals die politischen Verhältnisse nicht in ihrer ganzen Tragweite verstanden habe. Es habe aber schon Besonderheiten gegeben, die sie auch als Kind registriert habe. Als sie z. B. zu einer Klassenkameradin gegangen sei, die Westfernsehen gehabt habe, um dort Zeichentrickfilme zu sehen, habe ihre Mutter sehr nachdrücklich gesagt, dass sie das auf keinen Fall jemandem erzählen dürfe. Obwohl Miriam als Kind damals nicht wusste, warum, sei ihr der Ernst der Lage doch durchaus bewusst gewesen.

Zu ihrer Erfahrung als Schwarzes[48] Kind im ostdeutschen Schwerin sagt sie:

> In der Kita hab ich jetzt keine Erinnerung, dass irgendwelche Differenzen waren zwischen mir und den anderen Kindern. Nach meiner Erinnerung hatte ich eine sehr schöne Zeit.
>
> [Nach und nach] wird einem natürlich schon bewusst, dass man irgendwie ein bisschen anders aussieht als die anderen. Aber diese Erkenntnis hatte eigentlich keinen wirklich negativen Effekt gehabt. Gott sei Dank war ich gut aufgehoben mit einer wunderbaren Familie sowie tollen Freunden und Freundinnen.

48 Ich verwende hier die Schreibweise der nicht rassistischen Form, die ich in der „Reisewarnung" am Anfang erklärt habe.

Nur bei einer Situation ist Miriam sich nicht ganz sicher, woran es lag, dass sie schlecht behandelt worden sei. Ihre Musiklehrerin in der Grundschule habe ihr eines Tages zu singen verboten. Miriam weiß, dass diese Lehrerin sie nicht mochte und sie selbst auch nicht so gut singen konnte. Allerdings durfte sie wieder mitsingen, nachdem ihre Mutter sich beschwert hatte. Miriam kann rückblickend nicht sagen, ob es wirklich nur daran lag, dass „ihre Stimme schief ist" oder ob das Verhalten der Lehrerin doch etwas mit ihrer Hautfarbe zu tun gehabt habe.

Hier denke ich, dass wir oft eine große Unsicherheit in Situationen verspüren, in denen der Rassismusverdacht im Raum steht, weil jemand eine dunkle Hautfarbe hat. Man kann in Miriams Fall, wie in vielen anderen Fällen auch, die Frage einfach nicht eindeutig beantworten. Das macht es im Kontakt zwischen weißen[49] *Menschen und – in diesem Fall – Black People of Color (BPoC)*[50] *oft so schwierig.*

Miriam sagt, dass sie bei Fragen nach Rassismus in ihrer Biografie ganz entspannt und resilient[51] sei: „Vielleicht auch einfach, weil ich eine gute Vergangenheit hatte …"

Was sie dann aber doch zum Thema Alltagsrassismus sagen muss, ist, dass ihr als Schwarzer Person dauernd und ungefragt völlig fremde Menschen in die Haare fassten.

49 Auch hier handelt es sich um die Schreibweise der nicht rassistischen Form.

50 People of Color stellt eine gesellschaftspolitische Position von Menschen dar, die als nicht *weiß* gesehen werden und aufgrund dessen Rassismuserfahrungen machen.

51 Psychisch widerstandsfähig, positiv eingestellt.

Ich finde es einfach unbegreiflich, dass u. a. so etwas für Schwarze Menschen normale Realität ist. Miriam hingegen kann nicht mehr zählen, wie oft ihr Fremde in die Haare gefasst hätten. Seien es Mitreisende in der Bahn, die hinter ihr gesessen und ihr erklärt hätten: „Ich musste einfach mal anfassen." Oder ein Kontrolleur, der zwar fragte, ob er mal in ihre Haare fassen dürfte, dabei seine Hände allerdings bereits in ihren Haaren gehabt hätte …
Dabei nicht dauerhaft sehr wütend zu werden, finde ich ganz erstaunlich.

Das zweite Thema, worum es auch immer geht in Miriams Erfahrungen, ist natürlich die Frage: „Woher kommst du?"

> Hab ich ganz lange natürlich gar nicht als problematisch erachtet. Ich kannte das ja auch gar nicht anders. Und jetzt im Rückblick, wenn man sich mit dem Thema Rassismus beschäftigt, wird einem [die Problematik dieser Frage] ja doch klar.
>
> Zum Beispiel an der Art und Weise, wie [ich] antworte. Also, wenn mich jemand fragt(e) „Woher kommst du?", beschränkte sich meine Antwort nie auf: „Ich komme aus Schwerin."
>
> Sondern meine Antwort war:
>
> „Ich komme aus Schwerin, meine Mutter ist Deutsche, mein Vater kommt aus Guinea. Dass ich die Herkunft meiner Eltern nannte, wurde automatischer Bestandteil meiner Antwort. Denn die fragenden Personen hakten immer so lange nach, bis die Antwort ‚Guinea' fiel. Vorher gaben sich die Fragenden nicht zufrieden.

Miriam rekapituliert, dass sie eigentlich immer in einem sehr *weiß*-geprägten Umfeld gelebt habe und das einzige Schwarze Kind oder das einzige Kind mit überhaupt ersichtlicher Migrationsgeschichte gewesen sei. Zuerst in der Kita, dann in der Schule und dann überaus eindrucksvoll als junge Erwachsene in ihrer Ausbildung, denn: Miriam ist 2001 die erste Schwarze Polizeibeamtin in Hamburg.

Deswegen könne sie die Frage „Woher kommst du?" in ihrem Fall schon nachvollziehen. Sie fiel und fällt natürlich auf in ihrem Umfeld.

> Und dadurch, dass ich eigentlich ja ein gutes, recht diskriminierungsfreies Leben hatte, kann ich in den meisten Fällen recht gut mit der Frage umgehen. Natürlich schaue ich jetzt auch mit anderen Augen auf so eine Frage. Ich glaube, es ist einfach ein Prozess, bis die Menschen verstehen und sie es normal finden, dass Deutschsein nicht mehr nur mit *Weißsein* verbunden wird. Diese Frage wird hoffentlich irgendwann weniger oft gestellt werden. Es wird hoffentlich irgendwann normaler werden, dass Menschen wie ich einfach auch als Deutsche angesehen werden, ähnlich wie in Amerika. Dort fragen *weiße* Amerikaner den Schwarzen Amerikaner auch nicht, wo er herkommt, sondern er wird selbstverständlich auch als Amerikaner angesehen. Ich glaube, dieser Prozess dauert noch. Gerade wahrscheinlich in den neuen Bundesländern, wo ja auch nicht so viele Menschen mit Migrationsgeschichte leben. Da sind nicht *weiße* Menschen auch einfach weiterhin eine Besonderheit.

Ich frage Miriam, welchen Tipp sie im Umgang mit dieser Thematik hat:

> Also, ich denke, ein guter Tipp wäre, so eine Frage nicht als Einstiegsfrage [zu nehmen]. Da man sich halt noch nicht kennt, kann so eine Frage in den ersten Gesprächsminuten übergriffig wirken. Zumindest wenn man sich dann mit der Antwort und der Nennung einer deutschen Stadt nicht zufriedengibt und weiter nachfragt, wo man denn ursprünglich herkomme. Weiterhin kann man sich selbst vielleicht mal fragen, warum man das unbedingt wissen möchte? Warum frage ich nicht nach dem Lieblingsessen oder den Hobbys oder der Musikrichtung oder dem Beruf? Und wenn man diese Frage stellt und die Antwort dann halt Köln oder Hamburg ist, dass man das dann auch einfach mal so dabei belässt. Damit die Person nicht immer wieder in eine Rechtfertigung oder Erklärungsschiene gedrückt wird.

Ich möchte wissen, wie sie sich fühlt, wenn ihr diese Frage gestellt wird.

> Bei mir kommt es natürlich so ein bisschen darauf an, wie zugeneigt ich dieser Person bin. Also, finde ich die Person sympathisch und vielleicht naiv-fragend? Dann lasse ich mich darauf ein, also, dann habe ich auch gar nicht immer das Interesse, da so tief in die Thematik einzusteigen, weil es sehr diskussionsintensiv und dadurch energieraubend ist. Manche Schwarze Menschen oder PoC blocken bei der Frage ab, weil sie davon genervt sind, was ich auch absolut verstehen kann. Aus meiner Sicht wäre es dennoch konstruktiver, wenngleich auch anstrengender, wenn man sagen würde: „Hey, wenn du das die Leute fragst, dann gibt denen das immer das Gefühl, anders zu sein, nicht hierherzugehören usw."

So ein Dialog kann aber auch manchmal anders ablaufen. Sie erzählt:

> Also, das letzte Mal, als ich das gefragt wurde, habe ich gesagt, ich komme aus Schwerin. Ich stand aber mit dem Rücken zu dieser Person. Und ich spürte diese Stille, diese innerliche Unruhe bei dieser Person, dieser Gedanke:
>
> *Das mein ich ja eigentlich gar nicht.*
>
> Dann habe ich irgendwann gesagt: „Na ja, worauf Ihre Frage vermutlich abzielt, ist, wo meine Eltern herkommen."
>
> Miriam gibt dann die erwartete Antwort, und als sie Guinea erwähnt, kommt von ihrem Gegenüber die Anmerkung: „Na ja, da ist ja auch ganz schön was los." Miriam antwortet: „Ach ja? Weiß ich nicht. Keine Ahnung. Wie ist denn die politische Lage dort? Also, das wissen Sie besser als ich …"

Das ist ein klassisches Vorurteil. Die Person setzt einfach aufgrund einer kleinen Information über das Herkunftsland von Miriams Vater voraus, dass Miriam politisch selbstverständlich über die Geschehnisse in Guinea informiert ist bzw. etwas darüber erzählen kann. Sie sagt aber: „Ich lebe hier, in Deutschland. Ich habe keinen Bezug zu Guinea. Woher soll ich etwas darüber wissen?"

Sie sagt weiter:

> Manche Menschen sind mittlerweile unsicher und haben vielleicht das Gefühl, einer Sprachpolizei zu unterliegen. Ich sage dann, ihr könnt alles fragen, was ihr wollt, ihr müsst dann eben aber auch in Kauf nehmen, dass manche Menschen diese Frage total unangenehm finden und das auch äußern. Vielleicht haben

> die Menschen auch irgendwelche negativen Fluchterfahrungen gemacht oder haben diese Frage oft gestellt bekommen mit der Anschlussfrage „Wann gehst du denn wieder zurück?“ oder „Hau doch wieder ab!“.

Besonders der letzte Punkt, den Miriam anspricht, berührt mich. Was, wenn ich aus meinem Heimatland hätte fliehen müssen, vielleicht schon als Kind und hier eine sichere zweite Heimat gefunden hätte? Wenn dann jemand fragt „Woher kommst du? Und wann gehst du wieder zurück?“, stelle ich mir das unheimlich schmerzhaft vor. Denn meine alte Heimat gibt es nicht mehr, ich spreche vielleicht auch die Sprache nicht mehr oder würde dort möglicherweise immer noch nicht sicher leben können. Ich bin froh, den Schmerz über den Verlust meiner alten Heimat einigermaßen überwunden zu haben, weil ich mir in Deutschland eine neue Heimat aufbauen konnte. Und dann kommt jemand, der diesen ganzen schmerzhaften Weg nicht kennt, sondern nur die Information hat, dass ich aus meinem Heimatland komme, und dann fragt diese Person: „Und? Wann gehst du wieder zurück?“ Das stelle ich mir so wie eine Wunde vor, auf die immer wieder draufgeschlagen wird. Nicht mit Absicht, aber der Schmerz ist ja trotzdem da – egal, aus welchen Motiven.

„Wenn du ständig diese Frage gestellt bekommst, dann macht das natürlich auch etwas mit dir“, sagt Miriam.

> Also, wenn du dir jetzt vorstellst, dein Vater kommt aus China. Du warst aber vielleicht noch nie dort. Kennst da auch niemanden, und ständig wird dir aber dieses Thema ans Herz gelegt. Das führt natürlich auch dazu, dass du dich damit identifizierst, ohne dort gelebt zu haben. Und dass man dann vielleicht auch sogar die Klischees annimmt, die diesen Personen zugeschrieben werden. Beispielsweise in China können alle Kampfsport.

> Und dann ist es vielleicht eher in deinem Kopf, auch Karate zu lernen, weil das ja [angeblich] so zu dir gehört.
>
> Ich überlege, dass diese Frage nach der Herkunft also auch eine gewisse Form der Entfremdung bewirken kann. Das heißt, auch wenn ich mich als Deutsche fühle, zum Grillfest Nudelsalat mitbringe und immer Tatort gucke, kann es passieren, dass ich mich trotzdem an anderen Gewohnheiten im Land meiner Vorfahren orientiere, weil ich in Deutschland nicht in Ruhe deutsch sein kann.

Miriam hat hier noch zwei konkrete Beispiele, welche Auswirkungen es haben kann, wenn z. B. Schwarzen Menschen Vorlieben bzw. Talente von anderen zugeschrieben werden, bloß, weil es dem jeweiligen Klischee entspricht.

In einem Interview mit einer Schwarzen, deutschen Frau las sie mal, dass diese bis Anfang 20 immer Hip-Hop gehört hatte. Dann fiel der Frau aber auf, dass sie diese Musik gar nicht mochte. Aber weil „Schwarze nun mal Hip-Hop hören und nicht Country und Schlager“, hat sie eben jahrelang auch Hip-Hop gehört, obwohl sie es gar nicht mochte!

> Daran sieht man, wie das Kategorie-Denken bei anderen einen auch selbst beeinflusst. Wie oft ich gefragt werde, ob ich singen kann. Ach, du kannst doch bestimmt singen. Nein, ich kann gar nicht singen!
>
> Ich war mal in einer Bar mit Livemusik, und der Sänger auf der Bühne ruft [mir zu]: „Hey, du, komm doch mal nach oben und sing mit mir.“ Und ich sage: „Nein, ich kann nicht singen.“ Er

> sagt: „Doch! Komm hoch!" „Nein, ich komme nicht hoch, das will niemand hören!"

Sie lacht bei der Geschichte, wo doch schon ihre Grundschullehrerin ihr Singverbot erteilt hatte …

Es bleibt faszinierend bis erschreckend zu sehen, wie Menschen in Schubladen abgelegt werden, weil ihnen ganz bestimmte Eigenschaften zugeschrieben werden, ohne dass sie als individuelle Person auch nur angeschaut werden.

Ich komme auf Miriams Beruf zu sprechen und frage, wie es dazu kam, dass sie die erste Schwarze Polizeibeamtin in Hamburg wurde. Sie erzählt, dass die Idee von ihrem damaligen Freund gestammt und sie sich dann für die Ausbildung ganz bewusst in Hamburg entschieden habe, um nicht irgendwo in einem ländlichen Gebiet zu landen, wo sie vielleicht nicht gerne gesehen worden wäre. Daher bewarb sie sich in Hamburg.

> Aber natürlich [hatte ich] die Befürchtung: Okay, wie wird das? Man hat ja selbst auch Bilder im Kopf. Wie ist die Polizei? *Weiß*, männlich geprägt, Mitte 40 mit Schnauzbart. Klischeehaft mal überspitzt gesagt. Und dann schaut man sich selbst an und stellt fest:
>
> a) Ich bin eine Frau, b) ich bin Schwarz, und c) ich komme aus Ostdeutschland – also drei Knaller auf einmal! Damals dachte ich, die Polizisten sind bestimmt alle total ernst und stockkonservativ, gehen zum Lachen in den Keller. Als ich dann in meine Klasse kam, waren da noch zwei junge Erwachsene mit türkischem Migrationshintergrund. Als ich die beiden gesehen

> habe, fiel mir sofort ein Stein vom Herzen, weil ich dachte: „Okay, Gott sei Dank, ich bin schon mal nicht alleine." Ich muss sagen, meine Befürchtungen haben sich zum Glück nicht bewahrheitet. Es war durch die Bank weg ein wirklich guter Zusammenhalt, und die meisten Kolleginnen und Kollegen waren echt super. Ich hatte einen prima Sitznachbar und sehr viel Spaß. Das hätte ich vorher alles gar nicht so erwartet.

Während ihrer Ausbildung gab es allerdings eine Situation, die doch einen rassistischen Beigeschmack hatte:

> Ich hatte damals so schulterlange Rastazöpfe. Und dann war da ein Aushilfslehrer dabei. Die gesamte Lehrgruppe stand draußen, und der Lehrer sagte zu mir: „Ja, aber das mit Ihren Haaren, das geht ja so nicht. Ja, also, wenn ich jetzt mit Ihnen in einen Kampf gehen würde, dann würde ich ja sofort an Ihren Haaren ziehen." Dann guck ich mir die anderen Kolleginnen aus meiner Ausbildung an und sehe, dass fast alle lange Haare haben. Bei einer Kollegin waren die Haare sogar doppelt so lang. Bei ihr hat der Lehrer die Haarlänge nicht angesprochen, auch nicht bei den anderen. Selbst wenn man die Haare kurz geschnitten hat, ist es möglich, im Kampf reinzugreifen und zu ziehen. Das Argument war aus meiner Sicht total aus der Luft gegriffen. Rückblickend erkläre ich mir das so, dass das rassistisch motiviert war, weil meine Haare eben geflochten und kraus waren und nicht offen und glatt wie bei den anderen.

Nach ihrer Ausbildung kommt sie zunächst in die Bereitschaftspolizei, die bei größeren Veranstaltungen wie Demonstrationen und Fußballspielen eingesetzt wird. Aus dieser Zeit kann sie sich an eine andere Situation erinnern, in der ihre Hautfarbe eine Rolle gespielt hat.

Sie ist mit ihren Kolleg*innen bei einer linken Gegendemonstration eingesetzt, und ihnen stehen einige Menschen gegenüber, die zusammen skandieren:
„Deutsche Polizisten, Nazis und Faschisten!"

> Und irgendwann entdeckte mich jemand aus dieser Gruppe unter meinem Helm und guckte, kniff dann die Augen zusammen so nach dem Motto, guck ich da richtig? Dann drehte er sich zu seiner Gruppe um. Es wurde getuschelt, und auf einmal sahen mich zehn, zwanzig Leute an. Ich habe nur gelächelt und ihnen zugewunken. Die Gruppe hörte logischerweise auf, diesen Spruch zu skandieren, weil sie gemerkt haben, das passt irgendwie nicht so ganz zusammen. Eine Schwarze Polizistin als Nazi oder Faschisten zu bezeichnen, funktionierte offensichtlich nicht.

Auch hier lacht Miriam bei der Erinnerung an einen weiteren Moment der negativen Kategorisierung, der durch ihre Anwesenheit komplett in sich zusammengefallen ist.

Ich denke, dass keiner von uns frei ist von fehlerhaften Zuschreibungen. Auch wenn man z. B. für sich beansprucht, tolerant zu sein, aber die Polizei komplett als faschistisch bezeichnet, tut man genau das, was man anderen – in diesem Fall der Polizei – vorwirft: unreflektiert eine ganze Gruppe als Feindbild zu betrachten.

Miriam sagt weiter:

> Zu sagen, dass es auch innerhalb der Polizei zu Fehlverhalten kommen kann, ist, glaube ich, nur ehrlich. Bei so vielen tausenden Bediensteten können auch Fehler passieren. Wichtig an dieser Stelle ist eben, eine konstruktive und offene Fehlerkultur

> zu leben, um sich als Institution verbessern zu können. Von daher ist es wenig hilfreich, pauschalisierend DIE Polizei zu sagen, denn es gibt genauso viele Kräfte innerhalb der Polizei, die sich sehr stark dafür einsetzen, die Polizei möglichst fehlerfrei zu gestalten, oder die sich fragen, wie man sich für Diversity, Toleranz und Resilienz usw. einsetzen und diese stärken kann.

Ich denke, dass die Berichterstattung über die Polizei, wie in allen anderen Bereichen auch, von dem Mechanismus beeinflusst wird, dass sich Sensationelles, d. h. Extremes, besser verkauft als nicht sensationelle Berichterstattung über Dinge, die gut laufen. Allerdings gibt es auch sehr beunruhigende Vorkommnisse innerhalb der Polizei, die in der Vergangenheit gezeigt haben, dass Rassismus und Extremismus nicht nur ein Klischee sind. Ich denke dabei an die NSU-Morde, bei denen Menschen mit Migrationsgeschichte systematisch ermordet und die jahrelang nicht aufgeklärt wurden, oder an jüngere Vorkommnisse, bei denen Mitglieder in rechtsextremistischen WhatsApp-Gruppen einen politischen Umsturz in Deutschland planten.

Miriam sagt dazu:

> Also grundsätzlich ist die Verhinderung von Radikalisierung innerhalb der Polizei auf jeden Fall ein Thema. Es gibt viele Arbeitsgruppen und verschiedene Dienststellen, die miteinander kooperieren. Sie gehen den Fragen nach: Was sind die Ursachen für eine Radikalisierung? Wie lässt sich das bekämpfen? Dahingehend werden Konzepte ausgearbeitet. Hauptsächlich für die Aus- und Fortbildung, gerade bei den Nachwuchskräften im Bereich der politischen Bildung. Auch wir beim Institut für transkulturelle Kompetenz schauen, wie wir diese Mechanis-

men, Vorurteile und Denkschubladen abbauen bzw. greifbar machen, um Radikalisierungen entgegenzuwirken.

Das Institut für transkulturelle Kompetenz (ITK) an der Akademie der Polizei Hamburg ist seit 2015 integraler Bestandteil der Aus- und Fortbildung von Nachwuchskräften und Mitarbeitenden des Polizeivollzugs.

Einerseits geht es darum, z. B. Kontakte mit migrantischen Organisationen und Communitys sowie mit anderen Behörden und weiteren Interessengruppen im Rahmen der Netzwerkarbeit zu knüpfen und auszubauen. Andererseits ist es wie erwähnt ebenfalls Aufgabe des Instituts, Fortbildungen für Polizeibeamt*innen zu konzipieren, die sich z. B. mit den Themen diskriminierungsfreie Sprache, Vorurteile, Islamismus, Links- und Rechtextremismus und vielem, vielem mehr beschäftigen.

Ich bin der Meinung, dass die Polizei in Hamburg durch das ITK ein starkes Signal sendet in ihrem Bemühen, der gesellschaftlichen Vielfalt Rechnung zu tragen.

Wir kommen zum Thema meines Buches, und ich stelle Miriam natürlich auch die Frage: „Bist du stolz, Deutsche zu sein?"

Sie sagt, dass die Frage auf den ersten Blick zwar einfach klinge, aber auf den zweiten Blick so komplex und vielseitig sei, dass es ihr schwerfalle, sie zu beantworten. Deswegen erzählt sie mir zunächst eine kleine Geschichte dazu:

> Damals in der Schule [11. Klasse, nach der Wende] wurde mir diese Frage im Englischunterricht auch schon mal gestellt. Seid ihr stolz, Deutsche zu sein? Es waren fünf, sechs Mitschüler*innen vor mir dran, und alle haben gesagt: „Nein, bin ich nicht." Ich glaube, weil das Deutschsein mit dem Nationalsozialismus verbunden war. Und dann kam ich irgendwann dran und hab gesagt: „Ich würd schon sagen, ja. Auf jeden Fall fühle ich mich als Deutsche, als was denn sonst? Ich bin hier geboren und aufgewachsen und kann mich nur deutsch fühlen."

Zum Thema Stolz sagt Miriam:

> Ich finde, es kommt drauf an. Es gibt viele tolle Sachen in Deutschland, losgelöst von der Geschichte. Wir haben ein Sozialsystem, alle Kinder können in die Kita gehen, alle können zur Schule gehen, man muss quasi kein Schulgeld bezahlen. Wenn ich keine Arbeit habe, dann bekomme ich Arbeitslosengeld oder andere Sozialhilfeleistungen. Es gibt eine gesetzliche Krankenversorgung. Es gibt keine Bürgerkriege, es gibt keine militärischen Unruhen, wir leben nicht in einer Diktatur. Jeder kann seine Meinung sagen, ob man die hören will oder auch nicht, aber man hat Freiheiten. Wir können reisen, man ist nicht eingeschränkt, ich kann mich frei für einen Beruf entscheiden.

Aber darauf stolz zu sein, findet sie total schwierig, denn:

> Es sind ja nicht *meine* Errungenschaften, und auch die Sachen, die ich aufgezählt habe, sind einzeln für sich betrachtet auch kritikwürdig. Also, wie ist die Kita aufgebaut oder das Schulsystem? Warum fallen Kinder durch dieses System? Das heißt, bei allem, was gut ist hier im Land, gibt es genug Dinge, die man hinterfragen und verbessern kann.

Miriam fühlt in Bezug auf ihr Leben in Deutschland eher Dankbarkeit.

> Genau, das ist eher das Gefühl. Wenn man die Geschichte betrachtet und schaut, warum es uns eigentlich so gut geht, erkennt man, dass vieles auf Leid und Ausbeutung und Unterdrückung aufgebaut wurde. Es gab ja nicht nur die Dichter und Denker und Philosophen, sondern es gab den Nationalsozialismus, es gab den Kolonialismus. Durch Ausbeutungen und Enteignungen konnten sich viele deutsche Personen, Firmen und Städte bereichern. Dieser Reichtum wirkt bis heute nach.

Zum Schuldgefühl der Deutschen sagt Miriam, dass sie selbst natürlich keine Schuld fühle, da sie ja in dieser Zeit Opfer gewesen wäre. Sie könne aber auf der kollektiven Ebene verstehen, dass dieses Gefühl noch präsent ist. Man könne diese Geschichte nicht abspalten, auch wenn man selbst kein Teil davon gewesen sei, und vielleicht werde sich diese Schuld auch irgendwann auflösen. Es sei weiterhin wichtig, diese Verbindung in die Vergangenheit zu halten, damit es einfach nicht wieder so weit komme und wir wieder in diese Falle tappten, so Miriam.

Ich erzähle Miriam meine Gedanken, die mir sehr am Herzen liegen und die sich um die besondere Position der Polizei in der Gesellschaft drehen:

Ein politisches System oder eine Regierung kann man nur mit Gewalt stürzen. Dazu benötigt man Streitkräfte, und diese Kräfte stammen entweder aus dem Militär (z. B. Militärputsch) oder eben aus der Polizei.

Trotz seines politischen Geschicks hätte Hitler z. B. ohne die SA[52] niemals die Macht in Deutschland ergreifen können. Sicherheitsinstitutionen haben also bei der Wahrung eines politischen Systems, in unserem Falle der Demokratie, eine entscheidende Schlüsselfunktion. Deswegen ist es für mich so wichtig, dass interkulturelle Aufklärungs- und Bildungsarbeit gerade in solch sensiblen Bereichen der Politik stattfindet.

Miriam antwortet mir, dass sie (der Verantwortung der Polizei) auf jeden Fall einen hohen Stellenwert zumesse. Die Polizei habe das Gewaltmonopol und deswegen einen besonderen Stellenwert in der Gesellschaft.

> Und natürlich ist es wichtig, dass gerade die, die die Regeln und die Gesetze vertreten, sich selbst daran halten. Sonst sinkt verständlicherweise das Vertrauen der Bevölkerung in die Polizei. An wen soll man sich denn sonst wenden, wenn man ein Problem hat? Wenn man so hört, wie es in anderen Ländern mit einer korrupten Polizei ist, die die eigene Bevölkerung misshandelt oder an die man erst mal 200 Euro bezahlen muss, damit überhaupt irgendetwas passiert.
>
> Daher bin ich froh, dass das hier in Deutschland grundsätzlich nicht der Fall ist. Ich sehe, dass die Polizei sich wirklich sehr bemüht und auch immer wieder aus Sicht der Führungsebene überlegt, wie demokratische Tendenzen, Kräfte und Resilienz gegen Extremismus bei den Mitarbeitenden noch mehr gefördert werden können.

52 SA: Sturmabteilung.

> Die Polizeiarbeit bringt es mit sich, ganz besonderen und extremen Belastungen ausgesetzt zu sein. Einsätze, bei denen die Mitarbeitenden mit heftigen Schicksalsschlägen konfrontiert sind, ihnen aber auch von Bürger*innen aufgrund der Uniform mit viel Aggressivität begegnet wird, gehen auch nicht spurlos an einem vorbei.
>
> Auf lange Sicht kann es dazu führen, dass man irgendwann sein Mindset [...] ändert, wenn man sich sagt: „Eigentlich will ich nur was Gutes, aber jedes Mal, wenn ich einen Einsatz habe, schlägt mir so ein Hass entgegen." Dann kann dies eine unerwünschte Wirkung entfalten. Oder wenn bestimmte Bevölkerungsgruppen aufgrund der Arbeit häufig in negativen Kontexten erlebt werden und dafür kein positiver Ausgleich durch private Bekanntschaften existiert, dann kann sich schlimmstenfalls ein verzerrtes Bild über diese Bevölkerungsgruppen verfestigen.

Aus Miriams Sicht ist es nicht erstaunlich, dass solche Bilder entstehen können. Sie könne es in gewisser Weise nachvollziehen. Aus diesem Grund sei es eben wichtig, Wissen zu vermitteln, um diese Mechanismen der negativen Kategorisierung aufzuzeigen und eingefahrene Feindbilder aufzubrechen und zu dekonstruieren. Genau da setze das ITK mit seiner Arbeit an: „Wenn ich mir meiner Vorurteile bewusst bin, sind sie zwar nicht verschwunden, aber ich kann aktiv reflektieren und meinem Gegenüber möglichst objektiv gegenüberstehen", sagt Miriam.

Zum Abschluss ist es Miriam noch einmal sehr wichtig, darauf hinzuweisen, dass es in der Polizei viele Kräfte gibt, die sich für eine kulturelle Sensibilisierung und Wissensvermittlung einsetzen. Was ihr bei ihrer Arbeit als Antirassismus-Trainerin immer wieder auffällt, ist ein Missverständnis, das sich hartnäckig hält, wenn es um den Vorwurf von strukturellem Rassismus in der Polizei geht:

Viele Menschen denken bei Rassismus gleich an den Nationalsozialismus oder zumindest an rechtsextremistische oder menschenverachtende Ideologien. Selbstverständlich sagen sie dann automatisch, dass es so etwas bei der Polizei nicht gebe. Es geht beim Rassismus, über den wir heutzutage sprechen, allerdings um etwas anderes. Rassismus ist ein gesamtgesellschaftliches Problem, ein Diskriminierungssystem, und wir alle leben in diesem System, ohne selbst zwingend Rassist*in sein zu müssen. In diesem System erfahren manche Menschen aufgrund ihres äußeren Erscheinungsbildes Formen von Ausschluss, Ausgrenzung und Andersbehandlung, nur weil sie nicht *weiß* sind oder keinen typischen deutschen Namen haben. Miriams Erfahrung ist, dass ein wichtiger Aha-Effekt bei den Mitarbeitenden eintritt, wenn sie bei ihrer Arbeit über diese unterschiedlichen Definitionen von Rassismus aufklärt: Es geht nicht darum, jemandem als Individuum rassistisches Verhalten vorzuwerfen, sondern es geht darum, rassistische Strukturen zu erkennen, umzudenken und dementsprechend sensibel zu handeln.

Dafür setzt Miriam sich mit ihrer Arbeit beim Institut für transkulturelle Kompetenz in Hamburg ein, und das tun auch viele andere Mitarbeitende in ganz Deutschland.

Diese Menschen bei der Polizei sollten wir sehen und ihre Bemühungen anerkennen. Sie bleiben leider zu oft im Hintergrund, weil ihre Arbeit wenig öffentlich gemacht wird. Oft dominieren einfach andere Nachrichten die Schlagzeilen.

Damit will ich die rassistischen Vorkommnisse in der Polizei nicht leugnen oder verharmlosen. Ich finde es aber extrem wichtig, dass wir auch die Gegenbewegungen sehen und anerkennen, damit solche positiven Gegenkräfte noch stärker werden.

Ich bin sehr dankbar dafür, dass Miriam mir diese Arbeit gezeigt hat, und ich möchte mich an dieser Stelle bei allen anderen, die diese Arbeit genauso leisten oder unterstützen, ebenfalls von Herzen bedanken. Es ist von unschätzbarem Wert für eine friedliche Gesellschaft, dass die Polizei in ihrer Schlüsselfunktion mit diesem Beispiel von transkultureller Kompetenz vorangeht.

4.3 Deutsch-jüdisch-israelisch

Schnallen Sie sich jetzt gut an!

Auf unserer letzten Exkursion zu Professor Yuval Lapide erwartet Sie ein Feuerwerk der Leidenschaft zu den Themen Judentum, Glauben, Bibel und Versöhnungsarbeit.

Yuval ist Professor für Judaistik und brennt für seinen Glauben, das Judentum. Er trägt dieses Feuer schon in seinem Namen, denn „Lapide" kommt aus dem Hebräischen und heißt übersetzt „Fackel".

Als ich den ersten, sehr beeindruckenden Kontakt mit ihm per WhatsApp habe, fällt mir sofort die Redewendung „sein Licht nicht unter den Scheffel stellen" ein. Denn das tut er wahrhaftig nicht! Die Strahlkraft seines Glaubens, seiner Spiritualität erfasst mich ab dem ersten Moment und bricht sich Bahn in einer Wortgewalt und -gewandtheit, die bei mir durchaus zunächst einen kleinen Kulturschock auslöst.

Ich begreife aber schnell, dass dieses Licht, das Yuval mir und anderen zeigt, nicht zur Selbsterhöhung dient, keine Arroganz ist, sondern im übertragenen Sinn gesehen werden muss:

„Ich stelle mein Licht nicht unter den Scheffel" bedeutet, dass ich das, woran ich glaube, wovon ich überzeugt bin, nicht verberge. Ich habe vielmehr den Mut, dazu zu stehen. Besonders als Jude keine ungefährliche Selbstverständlichkeit und für mich allemal eine Inspiration, denn genau das versuche ich ja auch hier mit meinem Buch.

Yuval ist für mich ein unschätzbarer Gesprächspartner, weil ihm dasselbe am Herzen liegt wie mir: Versöhnung zwischen jüdischen Menschen und christlichen Deutschen. Dieser Arbeit widmet er seine ganze Energie und Leidenschaft.

Vorbild dafür waren ihm seine Eltern, Pinchas und Ruth Lapide, die vor dem NS-Regime nach Israel flüchten mussten und sich nach dem Krieg der immensen Aufgabe stellten, die Menschen in Deutschland in einem interreligiösen Dialog zu versöhnen.

Yuval ist in Israel geboren und mit seinen Eltern im Alter von 13 Jahren nach Frankfurt am Main gekommen. Die transgenerationalen Folgen des Holocaust sind unübersehbar präsent auf seinem Lebensweg.

Er sagt ganz deutlich, er verdanke seine Existenz Adolf Hitler, denn ohne sein mörderisches Regime hätten seine Eltern nie ihre Heimat verlassen und wären sich nie in Israel begegnet.

Durch die Verfolgung seiner Vorfahren ist Yuval Deutscher, Israeli, Österreicher und auch Slowake. Geboren in Israel, sozialisiert und fundamental geprägt in Deutschland, mit österreichischen und slowakischen Einflüssen väterlicherseits, ist Yuval eine „ganz große Mischung".

Er spricht Hebräisch, Deutsch, Französisch, Englisch und Spanisch, was diese Mischung noch größer werden lässt. Für diese „brisante" Mischung ist er sehr dankbar, und er liebt seine „inneren Dissonanzen", die so viele verschiedene Kulturen mit sich bringen, aber auch ihre gute Koexistenz.

Diese vielen verschiedenen Kulturen bringen ihn offensichtlich nicht in die Lage, sich zerrissen zu fühlen, sondern bereichert.

Das ist genau das Geheimnis, das ich ergründen möchte!

Wie können wir unterschiedliche Kulturen als Bereicherung empfinden?

Wie funktioniert das bei ihm?

Yuval erzählt, dass er die Trauer seines Vaters über den Verlust seiner Heimat, seiner Kindheit und Jugend in Wien sehr gespürt habe, obwohl in seinem Elternhaus darüber nicht gesprochen worden sei. Trotzdem habe „seine Seele diese Trauer gespürt", und hier sehen wir, dass transgenerationale Vererbung auch ohne konkrete Erzählungen funktioniert. Das Schweigen kann auch eine Geschichte erzählen, die man nur auf der Gefühlsebene wahrnehmen kann, die aber genauso wirksam ist wie eine erzählte Geschichte.

Wie hat Yuval die dramatische Geschichte seiner Familie und all diese verschiedenen Kulturen und Mentalitäten in sich integrieren können?

Die Antwort: Er ist gereist. Innerlich, aber auch ganz konkret, in dem er die Herkunftsorte seiner Vorfahren in Österreich, der Slowakei und besonders in Israel besuchte. Das Wichtigste, das er auf diesen Reisen erkannte und das ihm die Möglichkeit zur Heilung und Integration gab, ist sein Glaube. Sein Glaube und seine Liebe zu Israel. Diese Liebe war lange Zeit durch die Erfahrungen seiner Eltern verschüttet und durch die permanenten Kriege sehr belastet. Erst 2009 erkannte er durch seine Frau und deren Liebe zum Judentum auch seine eigenen Wurzeln in und seine eigene Liebe zu Israel.

Er fühlt bei diesen zwei Identitäten, deutsch und israelisch, in sich keinen Widerspruch, obwohl es sehr unterschiedliche, oft genug gegensätzliche Kulturen sind. Es ist für ihn ein „einvernehmlicher Zustand, mit den Jahren immer mehr", obwohl dieser Zustand auch Spannungen, „Dissonanzen" enthält. „Aber ich spüre, dass diese *Disso*nanzen immer mehr zu einer *Konso*nanz zusammenwachsen!" Je nachdem, wo er ist – Deutschland, Israel, Österreich oder

Slowakei –, kann er die Mentalität des Landes spüren, annehmen und zulassen.

Diese höchst unterschiedlichen Identitäten nicht als Zerrissenheit, als einen Zustand „zwischen den Stühlen" wahrzunehmen, sondern als Einheit, als Bereicherung, hat einen Grund: sein „Judesein".

„Judesein" ist Yuvals wichtigste Identität, seine „Zentralidentität", wie er sie nennt. Sie trägt ihn kolossal und lässt sich ohne Weiteres vereinbaren mit allen anderen Identitäten oder Mentalitäten.

Der gemeinsame Glaube ist das, was alle jüdischen Menschen, die sich in der weltweiten Diaspora[53] befinden, vereint. Jüdischsein ist „transnational", eine Identität, auf die alle Jüdinnen und Juden, egal, wo sie leben, zugreifen können und die es ihnen ermöglicht, überall auf der Welt zu leben.

Die Heimat so stark im Glauben zu finden ist etwas, das wir bei Gemeinschaften, Kulturen oder Volksgruppen besonders sehen, die ihre Heimat als geografisches *Land* verloren haben.

Juden und Jüdinnen haben das Land zwar – bedingt durch den Holocaust – in Form des Staates Israel wiederbekommen, aber erst im Jahr 1948! Vertrieben wurden sie jedoch bereits im Jahr 70 n. Chr. von den Römern und waren seitdem ohne ihr Heimatland.

---

53 Diaspora: Menschen, die in der Fremde leben, weil sie aus ihrer Heimat vertrieben wurden.

Daher ist eine wichtige Funktion des Judentums: allen Menschen jüdischen Glaubens eine starke geistige, religiöse und geografisch ungebundene Heimat zu geben.

Diese starke Bedeutung des Judentums als geistige Heimat hat zur Folge, dass ein Mensch, der als Jude oder Jüdin geboren wurde, diese Identität nie ablegen kann, so sehr er oder sie es vielleicht auch möchte, so Yuval.

Für uns als Christ*innen, Andersgläubige oder Nichtgläubige, die einfach aus der Kirche austreten können, ist dieser Umstand nur schwer nachzufühlen. Wir kennen diese lebenslange, vielleicht auch unfreiwillige Verbundenheit nicht. Sie ist aber zentral, um zu verstehen, was „Judesein" bedeutet.

Im günstigsten Fall ermöglicht das „Judesein" es wie bei Yuval auch, sich mit der eigenen Geschichte und den dafür verantwortlichen Menschen zu versöhnen sowie den Schmerz in Kraft und Dankbarkeit zu verwandeln:

> Gottes Plan hat bewirkt, dass ich in Israel, im Lande der Väter, im Lande der Mütter, im Land der Verheißung geboren werden durfte. Justament[54] in dem Land, in dem mein Glaube – die tragende Basis meines Lebens – entstanden ist, nämlich in Jerusalem: eine ganz große Fügung, die ich mit den Jahren immer mehr zu schätzen weiß.

54 Justament: ausgerechnet.

Ich möchte von Yuval wissen, was er über das vererbte Schuldgefühl der Deutschen denkt. Er antwortet mir:

> Es gibt ein bilaterales[55] Schuldgefühl. Es gibt ein Schuldgefühl sowohl der Angehörigen der Tätergeneration und deren Kinder als auch ein Schuldgefühl, ein sogenanntes Überlebens-Schuldgefühl der Kinder der Opfer.

Er kennt dieses Schuldgefühl von seiner Mutter, und es bestätigt die Information aus meinem Gespräch mit der amerikanischen Jüdin Susan, deren Mutter zeitlebens unter dem Schuldgefühl litt, ihre beiden Onkel nicht gerettet zu haben.

Über das Schuldgefühl bei den Nachkommen der NS-Verantwortlichen auf der einen Seite sagt Yuval, dass diese Schuld zwar (oft) verleugnet werden würde, die Nachkommen aber sehr wohl diese Schuld spürten, auch wenn darüber nicht gesprochen worden sei und werden würde. Dasselbe Phänomen wie bei der Trauer, die Yuval bei seinem Vater gefühlt habe, obwohl darüber geschwiegen worden sei.

Auf der anderen Seite sähen wir, wie erwähnt, die Schuldgefühle der Opfer. Sie litten oft unter der sogenannten „Überlebensschuld“, ein Wort aus der Traumatologie. Dabei stellten sich Überlebende oft die quälende Frage, warum sie überleben durften, während andere Menschen erschossen, vergast worden oder sonst wie zu Tode gekommen seien.

55 Bilateral: zweiseitig.

Dieses Schuldgefühl seiner Mutter hat sich als transgenerationales Erbe auch auf Yuval übertragen und ihn sehr lange beschäftigt. Durch viel therapeutische Arbeit mit dem Thema hat er heute „seinen inneren Frieden diesbezüglich gefunden", muss aber auch immer wachsam sein, d. h., muss sich immer wieder bewusst machen, dass das Überleben seines Vaters und seiner Mutter ein Ja zu *seinem* Überleben, zu seinem Geborenwerden wurde.

Was ihm dabei helfe, sein Leben als gewollt zu bejahen, sei, anderen Menschen, z. B. mir als Enkelin von Holocaust-Verantwortlichen, zur Versöhnung die Hand zu reichen.

Die Versöhnungsarbeit, das Brückenschlagen zwischen Verbrechen und Erleiden in Form von gemeinsamen Gesprächskreisen oder Gedenken in Konzentrationslagern, gibt ihm Kraft und Sinn, und:

> Es reizt mich im positiven Sinn, mit solchen Menschen Brücken zu schlagen, Brücken, spirituelle und emotionale Brücken zu schlagen. Weil ich merke, dass uns das gleichermaßen Schicksal ist. Weil wir, ohne es uns ausgesucht zu haben, in eine massive Biografie hineingerissen worden sind, die mit sehr viel Blut und mit sehr viel Elend verbunden ist, die aber auch eine Perspektive enthält, die mich als Jude zur Heilung herausfordert, zur Heilung meinerseits und zur Heilung deinerseits und der Menschen, die sich mir anvertrauen.
>
> Es ist für mich eine ganz große historische Aufgabe geworden, in Deutschland zu leben. Und in Deutschland meine theologische Arbeit zu leisten, solche historische Brückenarbeit zu leisten zwischen Kindern und Nachkommen von Tätern und von Überlebenden. Justament in dem Land, in dem so viel Unrecht meinen Eltern gegenüber und meiner gesamten Verwandtschaft

> gegenüber geschah, das ich [nun] durch mein Wirken, durch meine Versöhnungsleistung heilen [kann].

Über seine israelisch-deutsche Identität sagt er weiter:

> In Israel bin ich primär Jude unter Juden, mit einer Fülle kongenialer, einfühlsamer und gesprächshungriger Juden und Jüdinnen. Dieses innerjüdische Szenario lässt sich in Deutschland nicht erfüllen, denn es gibt ungebrochen viele holocaustbelastete, nachkriegsgeborene Jüdinnen und Juden, die keine kongenialen, intimen Gesprächspartner für mich werden können.
>
> Und in Deutschland bin ich gerne ein gebildeter, fröhlicher, humorvoller deutscher Jude, der die deutsche und deutsch-jüdische Bildung [durch] Goethe, Schiller, Lessing, Heinrich Heine, Jakob Wassermann und Lion Feuchtwanger sehr liebt und die deutsche Sprache perfekt beherrscht und sie gerne spricht. Ich verkehre in Deutschland überwiegend mit nicht jüdischen Deutschen, denen ich jüdische Bildungspraxis und Bibelexpertise hervorragend zu vermitteln verstehe. Das wiederum erfüllt mich in deutschen Landen sehr. Diese Zweiseitigkeit [diese Bifokalität oder Binationalität] in mir bekommt mir kolossal gut.

Binationalität als Bereicherung, als Stärkung der gesamten Identität für die anspruchsvolle Aufgabe der Versöhnung zwischen zwei Kulturen, von der eine nicht verbrecherischer hätte sein können, und eine, die nicht mehr hätte erleiden können.

So sieht diese eindrucksvolle Verbindung der beiden Kulturen bei meinem leidenschaftlichen, jüdisch-deutsch-israelischen Gesprächspartner Yuval aus. Ich bin tief beeindruckt.

Für seine Versöhnungsarbeit hat Yuval allerdings eine Bedingung: Der Dialog könne für ihn nur mit Menschen stattfinden, die gläubig sind.

> Das heißt, ich muss dir und möchte dir die Gretchenfrage stellen, wie hältst du es mit Gott? Ganz klar, wie hältst du es mit Gott, dem Schöpfer von Himmel und Erde? Denn an mich wandten sich schon durchaus verschiedene Menschen, die mir sagten, ich bin Atheist, aber [ich sage dir] daraus wird nichts.

Mein Hirn schreit in diesem Moment: Diskriminierung! Alle müssen doch mitmachen dürfen, aber dann fällt mir ein, dass ich ja nicht wenige Seiten zuvor selbst geschrieben habe, dass wir eine Form der Spiritualität brauchen – und zwar jeder Mensch.

Ich frage Yuval, ob ich Gott, den Schöpfer, anders nennen darf. Er sagt: „Ja, natürlich." Ich bin erleichtert, denn dann kann ich die Frage mit Ja beantworten, ich bin gläubig.

Hier ist ein Mann, der ohne Gott nicht sein kann, und das muss ich genauso akzeptieren wie alle anderen Formen des Lebens auch.

Yuval erklärt noch weiter:

> Verstehst du? Es geht nicht darum, dass ich dich prüfen will, sondern es geht mir darum, dass ich das Fundament weiß.

Wir brauchen dieses gemeinsame Fundament des Glaubens, der Spiritualität oder des Humanismus, um in einen wirklichen Dialog, eine Beziehung, eine Freundschaft, eine Verbindung kommen zu können.

Ich merke, wenn ich genau darüber nachdenke, dass es mir mit meinem Glauben genauso geht und dass Yuval und ich ein sehr gutes Fundament haben: Liebe.
Liebe im Sinne von Verbundenheit mit Menschlichem und Göttlichem, Wertschätzung und der Sehnsucht nach Versöhnung, Heilung und Glück.

Wir sind hier inmitten des spirituellen Bereichs, von dem ich gesprochen habe und den wir als Deutsche (wieder-)finden müssen. Yuval ist auf jeden Fall jemand, der Menschen – in seinem Fall besonders Menschen christlichen Glaubens – genau dabei unterstützen kann.

Man muss allerdings auch sehr aufnahmefähig sein, denn es kommt ein riesiger Wasserfall an emotional-bedeutsamem Wissen, sobald sich Yuvals biblische Schleusen öffnen!

Er fordert einen heraus, er fordert auch mich heraus, die verschreckte Christin, die ich durch meine Erfahrungen in der Kindheit geworden bin. Ich ahne aber, dass die Bibel, auch wenn eine Stimme in mir noch so sehr dagegen rebelliert, durchaus wertvolle Impulse zur Reflexion über das Leben und darüber, wie wir es miteinander gestalten wollen, geben kann. Sie kann eine gute Quelle sein, um die Fragen zu beantworten, in welcher Gesellschaft wir leben wollen, und es wäre fahrlässig von mir und uns, wenn wir diese Quelle weiterhin ignorieren, lächerlich machen oder konsequent als „Opium fürs Volk" diffamieren.

Das sind so meine Gedanken, die ich zum Thema Glaube und Bibel im und nach dem Gespräch mit Yuval habe.

Ich frage Yuval, was für ihn als Jude wichtig ist im Umgang mit dem Nationalsozialismus. Seine Antwort, keine Überraschung: der Glaube.

> Jetzt gebe ich dir ein Beispiel: Wir Juden sind ja ein Volk des Gedenkens, der Erinnerung. Das heißt, unser gesamter Festtagskalender besteht darin, dass wir zu jedem Festtag uns erinnern an eine bestimmte Tragödie, die uns [in] biblischer Zeit ereilte. Und wir Juden sind Meister und Meisterinnen darin, Tragödien, die uns erreichten, religiös in Verbindung mit Gott zu bringen.
>
> Und diese Dimension ist wirklich so enorm wichtig, auch in Bezug auf den Holocaust. Diese Katastrophe mit Gottes Kraft und durch Rückbesinnung, [denn] das heißt das Wort „Religio" – Religion ist die Rückbesinnung –, mit Rückbesinnung, mit Religio auf unseren Gott, zu verarbeiten und zu befrieden, richtig zu befrieden.
>
> Und das ist für mich ein Appell, der ohnegleichen ist. Und [den] möchte ich auch an Christen richten, an wirkliche Christen, die ihr Christsein, auch wenn es nur auf dem Papier erscheint, wirklich ernst nehmen. Spätestens dann ernst nehmen, wenn sie sich bewusst machen, im Namen des Christentums oder – noch schärfer ausgedrückt – im Namen eines degenerierten, pervertierten Christentums ist von Deutschland ein Verbrechen

> ausgegangen, das fast die ganze Welt vernichtet hätte. Das muss man ganz offen aussprechen. Und da sage ich ganz offen:
>
> Das ist meine Identität. Ich bin dringend existenziell angewiesen auf meinen Glauben in Gott und auf meine Bücher der Heiligen Schrift, die mir zeigt, wie wir Juden immer wieder im Angesicht von barbarischen Exzessen gegen uns, das geliebte Volk Gottes, uns Kraft geholt haben über den Glauben, in den einen Gott.
>
> [Situationen, in denen] Juden immer wieder darum rangen, die ganze Nacht und mit Schweißperlen auf der Stirn, um Gott einzulassen in die jeweilige Barbarei und durch Gottes Kraft wirklich Frieden und Geborgenheit fanden inmitten der Katastrophen.

Diese Aussage meint, dass wir alles, was wir erleben, von Gott als unser Schicksal „geschickt“ bekommen, und es ist unsere Verantwortung, das *Warum* – Warum starben sechs Millionen Menschen im Holocaust, warum 150 000 bei dem Erdbeben in der Türkei, warum gibt es so viel Leid? – in ein *Wozu* umzuwandeln:

Wie kann ich es schaffen, nicht zu verzweifeln, sondern dieses Erlebnis in etwas Gutes zu verwandeln?

> „Gott möchte errungen werden durch unser Bemühen, dem Leben einen Sinn abzutrotzen.“[56]

56 Zitat: Pinchas Lapide, Vater von Yuval.

Hier ist es wieder:

Ohne Glauben, ohne tieferen oder höheren Sinn, ohne eine göttliche Kraft und Spiritualität können wir nicht leben, denn dann wäre diese Welt auch ohne Hoffnung.

Wenn wir die Chance, uns als Menschen weiterzuentwickeln, nicht nutzen, im akademischen, naturwissenschaftlichen Denken stecken bleiben und nur rational begreifen, dann können wir auch nichts verbessern in unserem menschlichen Miteinander. Im Gegenteil, dann kann es nur schlimmer werden.

Dieser Gedanke ist das, was ich im zweiten Kapitel deutlich zu machen versucht habe:

Wir haben noch nicht (alle) mit dem Herzen wirklich verstanden, was (nicht nur) den jüdischen Menschen hier in unserem Land geschehen ist und geschieht. Sonst gäbe es keinen erneuten Hass, keine erneuten Anschläge, und sonst würde es keine Wiederholung von hetzerischen Klischees geben, bei denen ein Großteil unserer Bevölkerung einfach zu- oder wegschaut, es uns egal ist, nicht unsere Lebenswelt betrifft.

Ich habe eine weitere Frage an Yuval:

„Auf welche Alarmzeichen müssen wir in unserer Gesellschaft achten, damit so etwas wie der Nationalsozialismus und der Holocaust nie wieder passieren?“

Er antwortet mir:

> Warnzeichen für mich ist immer wieder Ignoranz, Ignoranz, Ignoranz.
>
> Wenn Menschen nicht bereit sind zu reflektieren.
>
> Bertolt Brecht sagte: „Die Tragödie der Menschen im Dritten Reich war, dass sie viel zu viel glaubten und viel zu wenig wussten.“
>
> Und das ist etwas, was wir heute immer noch lernen können von diesem großen Mann Bertolt Brecht, der schon längst im Himmel ist, nämlich: „Wo erwische ich mich? Wo erwische ich mich, dass ich etwas sage, sei es vorurteilsbehaftet, sei es einfach unreflektiert, von dem ich nicht sicher bin, dass es zutrifft?“ Zum Beispiel: Das sind die Geldjuden, die Juden, die Jesus ans Kreuz geschlagen [haben], oder die Juden sind gerne untereinander und mögen die Gojim[57] nicht.
>
> Ich gebe dir jetzt ein ganz handfestes Beispiel:
> Auge um Auge, Zahn um Zahn.
>
> Dieses uralte Klischee, eine Verdrehung, die man uns Juden über 2000 Jahre lang in die Schuhe schob, nämlich [man] unterstellte uns, die Juden seien eine primitive Gesellschaft, bei der es nur darum geht, dass der Belastete sich rächen darf. Es stimmt nicht, sondern im Gegenteil: Der Schädiger muss dem Geschädigten helfen, eine Restitution[58] zu bekommen für das, was ihm angetan [wurde]. Das ist die einzige Aussage!

57 Gojim: nicht jüdische Menschen.

58 Restitution: Wiedergutmachung.

Das heißt, es geht nicht um so etwas wie Blutrache, sondern darum, dass das Opfer Wiedergutmachung erfährt. Dieser Satz wird aber vielfach – nicht nur auf jüdische Menschen bezogen – immer noch falsch zitiert, so Yuval:

> Obwohl ich das vermeiden kann durch Bildung, Bildung, Bildung und Liebe.
>
> Es gibt wieder Antisemitismus in Deutschland, es gibt wieder Fremdenhass, und meine Empfehlung als Professor für Tiefenpsychologie ist:
>
> Du musst besser reflektieren, du musst dich belesen und informieren, bevor du etwas sagst über Schwule, Lesben und über Juden, über Inuit usw.
>
> Muss ich mich nicht erst mal noch informieren, bevor ich etwas über andere Kulturen und andere Gesellschaften, zum Beispiel auch über den Staat Israel, sage?
>
> Darum mein Appell: Bildung ist wichtiger denn je. Über Israel, über Minderheiten, über Bibel. Kultur. Eigenwilligkeiten. Da müssen wir Deutsche besonders vorsichtig sein, weil in Deutschland in Bezug auf Bibel, Kultur, Israel so viel Unsinn erzählt wurde. Man glaubte viel zu viel, aber man wusste so gut wie nichts.
>
> Jeder Mensch hat den Wahnsinn von Hitlers propagandistischen, manipulativen Reden kritiklos geglaubt: Juden sind pervers, die Juden stehlen das Geld und weitere gehässige, ignorante und volksverhetzende Verleumdungen. Aber wer wusste denn wirklich und wahrhaftig, wer die Juden wirklich

> waren? Anstatt übelste destruktive Demagogie[59] zu hinterfragen und vehement zu protestieren: Das stimmt keinesfalls, das ist kranker Fanatismus. Juden sind blond, blauäugig, dunkelhaarig und dunkelhäutig, anständig und unanständig, gebildet und ungebildet wie jeder andere nicht jüdische Deutsche.
>
> Und darum plädiere ich dringend dafür, sich mehr Bildung anzueignen!

Nach diesem flammenden Appell bleiben mir nur noch zwei Fragen, die ich von Yuval beantwortet haben möchte:

1. Dürfen Deutsche Nationalstolz empfinden?

2. Bist du selbst stolz, Deutscher zu sein?

Zu meiner zweiten Frage sagt Yuval mir:

> Ich bin stolz, ein Deutscher zu sein – mit Vorbehalt, mit Einschränkungen, weil die deutsche Tragödie natürlich das Thema des Stolzes überschattet.
>
> Ich bin stolz darauf, ein Jude zu sein, ein Israeli zu sein. Der Stolz darauf, Deutscher zu sein, ist eingeschränkt, weil es mich schmerzt, wie sehr meine Identität durch die Verbrechen zwischen '33 und '45 lädiert wurde, wobei ich natürlich tatkräftig daran arbeite, diesen Schmerz, diese Verletzung zu heilen.
>
> Ich bin aber durchaus stolz darauf, in der deutschen Tradition aufgewachsen zu sein – Goethe, Schiller, das deutsche Liedgut, die deutsche Dichtkunst –, von deutschen Tugenden wie Gründ-

59 Demagogie: politische Hetze.

lichkeit und Fleiß beeinflusst zu sein. Das alles neben meinen diversen anderen Identitäten in meiner kosmopolitischen Ader.

Die Bedeutung von Nationalstolz für Deutsche hingegen interpretiert Yuval immer in Verbindung mit Nationaltrauer, d. h., wenn wir als Deutsche Nationalstolz empfinden wollen (natürlich nicht im rechtsextremen, nationalistischen Sinne), müssen wir auch eine National*trauer* und *-scham* zulassen.

Wir müssen – so verstehe ich ihn – die Scham darüber zulassen, dass durch Deutschland 60 Millionen Menschen weltweit ihr Leben verloren und sagen:

„Ja, das ist beschämend. Es ist riesiges Leid, was meine Vorfahren verursacht haben." Und wir müssen dieses Leid betrauern. Das meint Yuval mit Nationaltrauer.

Wir müssen trauern, auch wenn wir nicht selbst verantwortlich waren, denn die Nachkommen der Opfer trauern ebenso noch, auch wenn sie nicht selbst betroffen waren.

Die Zeit spielt dabei keine Rolle, wir müssen daran arbeiten zu trauern, damit Gedenktage keine hohlen Veranstaltungen sind und die nur durch die Authentizität *Einzelner* minimale, emotionale Wirkung haben.

Damit beschreibt Yuval, wie ich finde, eine einleuchtende Möglichkeit, wie wir Nationalstolz empfinden können, ohne die Geschichte abzuschneiden, zu verdrängen oder gar zu verleugnen. Wenn wir

– wie Yuval es bei seiner Identität selbst getan hat – diese (eigentliche) Widersprüchlichkeit von Stolz und Freude auf der einen und Trauer und Scham auf der anderen Seite vereinen bzw. beide Seiten zulassen, als Tatsache akzeptieren können, dann haben wir ein sehr gutes Bild davon, wie wir als Deutsche stolz sein können.

In meiner Fantasie könnte uns das auch den Mut geben, bei Menschenrechtsverletzungen deutlicher Partei zu ergreifen, als wir es bis jetzt tun. Egal, ob diese vor unserer Haustür passieren oder weit weg.

Bei mir bleibt nach unserem Gespräch ein großes Gefühl der Dankbarkeit zurück. Dankbarkeit darüber, zu wissen, dass es da einen Menschen gibt, der sich mit Haut, Haaren und Gott dem größten Versöhnungsprojekt der Geschichte der Menschheit widmet. Er hat seine eigene Strategie dafür, die nicht für alle passt. Er ist auch kein, wie er sagt, Allheil-Apostel. Aber er ist für alle, die auf der Suche sind nach einer Möglichkeit der Versöhnung in Deutschland, eine große Inspiration – auf jeden Fall ist er das für mich.

***

Mit der fulminanten Person und Vision von Professor Yuval Lapide, der jüdisch-deutsch-israelischen Fackel, endet unsere Exkursionsreihe, und wir richten jetzt den Blick in Gegenwart und Zukunft.

5. Die Reise geht weiter

Eine erfolgreiche Verständigung der Kulturen jetzt und in Zukunft!

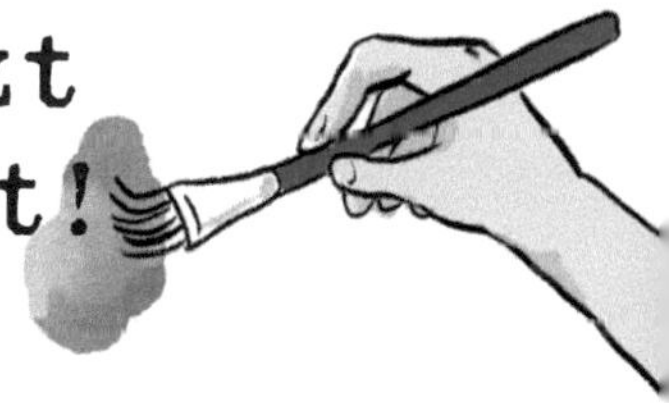

Wir sind weit gekommen auf unserer Reise zu uns selbst, wir haben interessante Exkursionen unternommen und einen Blick von außen auf uns erhascht.

Nur Mut für die Zukunft, so heißt es jetzt.

Dafür bekommen Sie auf der letzten Station unserer Reise alle Werkzeuge, die Sie konkret benötigen, um zum Ziel zu kommen: eine erfolgreiche Verständigung und gegenseitige Bereicherung der Kulturen.

5.1 Wissen über Kultur, Land und Leute

Was ist Kultur?

Im ersten Moment scheint diese Frage sehr einfach zu beantworten. Wir haben auf jeden Fall alle eine Idee davon, wenn wir an diesen Begriff denken. Meist denken wir, dass Kultur dasselbe ist wie Nationalität, z. B. die Deutschen, die Amerikaner*innen, die Türk*innen usw., und so sprechen wir auch darüber.

Kultur ist aber nicht gleich „Land" und nicht gleich „alle" Leute. Wir haben im Laufe unserer Reise bereits gesehen, dass dieses Verständnis von Kultur zu kurz greift.

Sie erinnern sich an die deutschen Kulturstandards? Regeln, Sachlichkeit, Distanz? Man kann Kultur zwar der Übersicht halber so darstellen, und es ist auch durchaus sinnvoll für ein erstes Verständnis. Irgendwann wird es bei ca. 195 Ländern in der Welt aber unübersichtlich; außerdem gibt es gar nicht für alle Länder ausgearbeitete Kulturstandards, und in fast allen Ländern existieren unterschiedliche Kulturen auch nebeneinander.

Deswegen zeige ich Ihnen jetzt zwei Modelle, um Kultur besser zu verstehen, die für mich sehr einleuchtend sind und mit denen ich gerne arbeite.

Das erste Modell ist das der **Kulturdimensionen von Geert Hofstede**, einem niederländischen Kulturpsychologen. Ich hatte einige dieser Kulturdimensionen im ersten Kapitel bereits kurz erwähnt, als es um Kollektivkulturen versus Individualkulturen ging.

Insgesamt entwickelte Hofstede selbst fünf unterschiedliche Kulturdimensionen, um kulturelle Unterschiede weltweit umfassend beschreiben zu können, und mittlerweile gibt es viele Variationen davon.

Ich benutze hauptsächlich diese drei:

1. Ich oder wir?
Individualismus – Kollektivismus

Diese Dimension beschreibt, wie sehr ich mich als einzelnen Menschen sehe und auch so lebe oder wie sehr ich Teil einer Gruppe, z. B. der Familie, bin und innerhalb dieser Gruppe bestimmte Aufgaben habe.

Diese Dimension ist meiner Meinung nach die wichtigste. Mit ihr kann man sehr viele kulturelle Unterschiede erklären, z. B. weshalb im Krankenhaus bei manchen Patient*innen so viele Besucher*innen zugegen sind oder auch in anderen Zusammenhängen die Familie immer präsent ist.

2. Steil oder flach?
Verständnis von Hierarchie

Hier geht es darum, wie sehr ich mich an bestehende Hierarchien halten muss, d. h. wie viel Freiheit ich als einzelner Mensch bei meinen Entscheidungen habe.

Diese Dimension hängt stark mit der ersten zusammen, denn Kollektivkulturen haben in den meisten Fällen eine eher steile Hierarchie, während Individualkulturen eher flache Hierarchien bevorzugen.

3. Linie oder Kreis?
Verständnis von Zeit

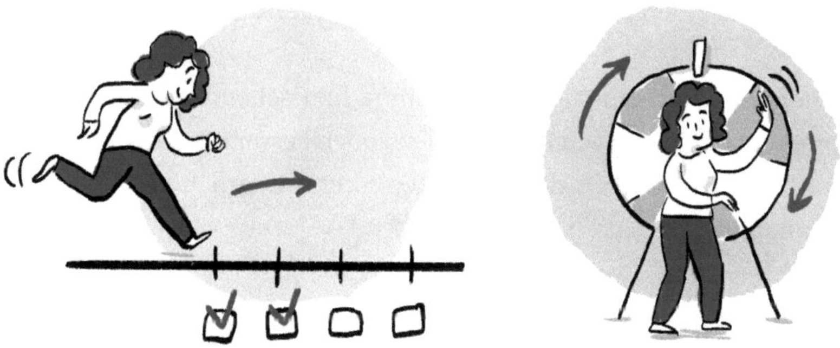

> Zeit kann in einer Kultur entweder als Linie, als linearer Ablauf mit einem festgelegten Zeitplan, wahrgenommen werden oder als Kreis, einem viel flexibleren Verständnis von Zeit. Dieses Verständnis ist nicht an erster Stelle an einen Plan gebunden, sondern orientiert sich stark an menschlichen Bedürfnissen oder der Natur.

Wie in einer Kultur Zeit wahrgenommen wird, ist eine der größten Herausforderungen in der interkulturellen Zusammenarbeit! Deswegen muss man diese Dimension kennen. Besonders für uns Deutsche mit unserem zentralen Kulturstandard *Zeit ist Geld* warten hier besondere Herausforderungen, wenn wir akzeptieren und damit umgehen müssen, dass die „Uhren woanders anders ticken" …

Es gibt viele weitere kulturelle Unterschiede, die man als Dimension darstellen kann, z. B. inwieweit eine Kultur Unsicherheit vermeiden möchte oder wie sehr maskuline oder feminine Werte dominieren oder wie sehr eine Kultur am menschlichen Wohl orientiert ist.

Ich habe aber die Erfahrung gemacht, dass es für ein Verständnis von Kultur(en) wichtiger ist, wenn wir wissen, dass Kultur nicht gleich Nationalität ist und wie wir Kulturen weltweit verstehen können, ohne einen „Beipackzettel" für jedes Land zu benötigen.

Entscheidend hierbei ist aber, noch einmal zu sehen, dass keine Ausprägung der jeweiligen Kulturdimensionen besser oder schlechter ist! Es gibt, wie wir auf unserer Reise kontinuierlich gesehen haben, immer Vor- und Nachteile:

Beim zweiten Modell für ein besseres Verständnis dafür, wie Kulturen funktionieren, komme ich doch wieder auf einzelne Länder zu sprechen. Allerdings nicht mit dem besagten Beipackzettel, den Kulturstandards, sondern mit dem **„World Values Survey"**[60] – auf Deutsch in etwa: weltweite Werteerhebung. Die Ergebnisse dieser Untersuchung werden jährlich in einem Koordinatensystem festgehalten, das auf seinen zwei Achsen folgende Werte bzw. Eigenschaften von Kulturen, im Sinne von Ländern, misst:

60 World Values Survey (2023).

Dieses Koordinatensystem beschreibt, welche Werte in den Bereichen Lebens- und Denkweise in welcher Ausprägung in den einzelnen Ländern (insgesamt fast 100) zu finden sind. Diese Werte korrespondieren oft miteinander, d. h., wenn ich in einem ärmeren Land, z. B. in Guatemala, lebe, bin ich in erster Linie mit meinem *Überleben* beschäftigt, und das geht oft mit einer traditionellen, religiös geprägten Lebens- und Denkweise einher. Andersherum kann ich mir in einem reicheren Land wie Deutschland den „Luxus" einer *Selbstverwirklichung* leisten und habe eher weltliche bzw. rationale Werte.

Den Umstand, dass Lebens- und Denkweisen in Kulturen – also wesentliche kulturelle Unterschiede – sehr stark von wirtschaftlichen Faktoren abhängen, finde ich als Ergänzung zu den Kulturdimensionen sehr wichtig.

Übrigens haben alle Kulturen dieselbe *Funktion*:

Kulturen sind Orientierungssysteme. Sie geben mir als Mitglied Antworten auf die Fragen:

»Was darf ich?
»Was soll ich?
»Was ist verboten?
»Wer bin ich?

Wie ist das Land?

Neben der Frage „Was ist Kultur?“ und den Auswirkungen der wirtschaftlichen Faktoren auf die Kultur eines Landes spielen noch zwei letzte Aspekte eine wichtige Rolle: die Geschichte und die aktuelle politische Lage in einem Land.

Wir haben diese wichtigen Aspekte bei uns und während unserer Reise zu uns selbst gesehen. Diese Aspekte sind sozusagen wegweisend für unsere Reise gewesen, und selbstverständlich müssen wir auch bei der Betrachtung und dem Verständnis von anderen Kulturen immer darauf schauen, wie deren Geschichte aussieht und wie die politische Lage war und ist.

Wenn ich beispielsweise in einer Diktatur (Laos), einer absoluten Monarchie (Saudi-Arabien) oder in einer Präsidialdemokratie mit totalitären Strukturen (Nicaragua) lebe, hat das Einfluss auf meine Denk- und Lebensweise. Wenn ich die Erfahrung gemacht habe, dass das Land, in dem ich lebe, unzuverlässig ist, nicht in meinem Interesse handelt, sondern mir meine Lebens- und Denkweise diktiert, kann es z. B. passieren, dass ich aufgrund dieser Unfreiheit mein Heil in einer Religion oder im (Aber-) Glauben suche.

Ich habe dann dem Leben gegenüber eher eine fatalistische Einstellung, d. h., ich denke nicht, dass ich mit meinem Verhalten etwas bewirken kann oder dass meine Meinung eine Rolle spielt.

Das ist die Erfahrung, die Menschen in totalitären Regimen machen.

Wenn diese Menschen dann, wie auch immer, in freie Länder kommen, ist es überhaupt nicht verwunderlich, dass sie einen Kulturschock erleben und es Schwierigkeiten bei der Verständigung und Zusammenarbeit geben kann.

Auch wenn diese Menschen vielleicht „freiwillig kommen", weil sie sich in einer Demokratie ein besseres Leben erhoffen, sind diese Schwierigkeiten trotzdem vorhanden. Ein politisches System wirkt sehr stark auf die Gesamtkultur eines Landes, und auch wenn wir dieses System ablehnen, so hat es uns doch zutiefst geprägt, und wir können es nicht wie einen alten Mantel ablegen. Wir brauchen Zeit zur Transformation unserer Lebens- und Denkweise.

Ein sehr eindrucksvolles Beispiel für dieses Phänomen haben wir mitten in unserem eigenen Land: die Wiedervereinigung von Ost- und Westdeutschland, die in unserer Denk- und Lebensweise auch 2023, also nach 33 Jahren, noch nicht abgeschlossen ist.

Ich habe einmal einen sehr aufschlussreichen Satz über die Wiedervereinigung gelesen, der mir eindrücklich bewusst gemacht hat, was damals passiert ist: Die Ostdeutschen verloren ihre Heimat, ohne dass sie ihr Land verließen. Obwohl die Menschen in Ostdeutschland die Demokratie wollten, hatten sie den Verlust ihrer Heimat zu betrauern. Denn obwohl die DDR eine Diktatur war, prägte sie die Menschen und war ihnen, bei allem Übel, eben auch vertraute Heimat.

Ich hoffe, dass ich als Westdeutsche Ihre Gefühle, falls Sie Ostdeutsche sind, richtig wiedergebe, denn auch darauf sollten wir achten:

Wie reden wir über andere Menschen? Sind unsere Annahmen richtig?

Dabei hilft, sich möglichst viel Wissen über Kultur, Land und nicht zuletzt auch Leute anzueignen.

Wer sind die Leute?

Ein weiteres Modell von Kultur will ich Ihnen nicht vorenthalten, weil ich finde, dass es einfach auch sehr gut zu gebrauchen ist, wenn wir einen *Menschen* besser verstehen möchten. Es ist das gute, alte Eisbergmodell.

Dieses Modell wird oft benutzt, um zu verdeutlichen, dass wir manchmal nur den geringsten Teil einer Sache sehen – die Spitze des Eisbergs – und der größte Teil einer Sache uns verborgen bleibt, weil er „unter der Wasseroberfläche" ist.

Auf Kultur bezogen kann dieses Modell folgendermaßen aussehen:

Dieses aufschlussreiche Modell kann man jetzt auch auf einen Menschen anwenden:

Wir sehen, wie der Mensch aussieht, welche Kleidung er trägt.
Wir hören, welche Sprache er spricht.
Was wir aber *nicht* sehen oder hören können ist, welche Vergangenheit er hat, welche Werte und Regeln, welches Hierarchieverständnis, welche Familie usw.

Um den Menschen wirklich kennenzulernen, müssen wir uns Zeit nehmen, wir müssen „hineintauchen“ in diesen unbekannten Bereich. Dann können wir ihn erst ganz verstehen, denn er verhält sich so, wie es seine Erfahrungen ihn gelehrt haben.

Wenn Sie mit Menschen aus unterschiedlichen Kulturen zusammenleben oder -arbeiten und sich ihr Verhalten erklären möchten, dann empfehle ich Ihnen zum einen, einzutauchen, sich Zeit für das Kennenlernen zu nehmen, und zum anderen den Begriff „Lebenswelt“.

In diesem Begriff hat alles Platz, was der Mensch braucht, um verstanden zu werden:

1. sein Kulturkreis (kulturspezifische Denk- und Lebensweisen)

2. seine Erfahrungen und persönlichen Lebensumstände (Familie, Freundeskreis, Schule, politische und wirtschaftliche Verhältnisse, Religion usw.)

3. seine Persönlichkeit (introvertiert, extrovertiert, beständig, wechselfreudig etc.)

Um gut mit (noch) fremden Menschen umgehen zu können, verdeutlichen Sie sich, dass Sie am Anfang nur den geringsten Teil kennen, und versuchen Sie, die individuelle Lebenswelt Ihres Gegenübers möglichst umfänglich zu erfassen. Wenn Sie diese umsichtige und individuelle Herangehensweise wählen, dann sind Sie und Ihr Gegenüber am besten vor Kategorisierungen und Vorurteilen geschützt.

5.2 Rassismus, political correctness, Fettnäpfchen und kultursensible Kommunikation

Wenn wir auf der Reise zu einem besseren Miteinander der Kulturen sind, kommen wir um diese Themen nicht herum, also kümmern wir uns darum.

Sie erinnern sich an das Kapitel mit der Reisefreiheit?

Wenn Sie einen deutschen Reisepass haben, besitzen Sie die goldene Eintrittskarte für die Welt. Mit einem afghanischen Pass hat man einfach nicht dieselben Möglichkeiten wie mit einem deutschen.

Aber es geht natürlich nicht nur um dieses Stück Papier bzw. Plastik, das darüber entscheidet, wie gut oder schlecht man in der Welt vorankommt. Es hängen unendlich viele weitere Privilegien daran.

Und da sind wir mitten in dem Thema, das wir anerkennen müssen, wenn es beispielsweise um Rassismus geht:

Wir haben ungleiche Machtverhältnisse – in der Welt und in unserer Gesellschaft. Oder glauben Sie daran, dass wir alle dieselben Chancen haben?

Mir wurde die Frage gestellt – und ich stelle sie auch immer wieder in meinen Seminaren: Was verleiht Menschen Macht?

Ich finde, sie ist eine der wichtigsten Fragen überhaupt, um uns bewusst zu machen, in was für einer Welt wir leben und worauf wir im Miteinander achten müssen.

Was verleiht Menschen Macht? Typische Antworten sind Geld, Wissen, Sprache, körperliche Überlegenheit, Positionen, Uniformen, Geschlecht, Alter, Beziehungen, Selbstbewusstsein, aber natürlich auch ganz besonders: Aussehen.

Und jetzt schauen Sie bitte einmal, worüber *Sie* verfügen im weltweiten Vergleich.

Wir haben in wirklich fast jeder Gesellschaft rassistische, diskriminierende Strukturen. Es gibt ein weltweites System der Diskriminierung, das selbstverständlich in erster Linie für die Menschen spürbar ist, die diskriminiert werden, und das wichtigste Merkmal für dieses System ist das Aussehen und ganz konkret: die Hautfarbe.

Es gilt das (schreckliche) Gesetz: Je dunkler die Hautfarbe eines Menschen, desto höher ist die Wahrscheinlichkeit, dass er heftige Diskriminierungserfahrungen in seinem Leben macht.

Warum das so ist, lässt sich leicht erklären:

Weiße Menschen haben durch ihre gnadenlose, gewaltsame Machtausübung über andere Menschen und Völker definiert, was erstrebenswert ist – die eigene Hautfarbe, das eigene Aussehen – und was als minderwertig gilt – dunklere Hautfarbe, anderes Aussehen als das eigene. Dieses System ist äußerst wirksam, denn es baut auf folgendem Umstand auf: Das Aussehen und damit natürlich die Hautfarbe kann man nicht verstecken bzw. nur bedingt verändern. Sie bleiben immer gleich. Anders als bei weiteren Diskriminierungsmerkmalen wie Alter, religiöse Zugehörigkeit oder sexuelle Orientierung. Das Einzige, was der Hautfarbe an Diskriminierungspotenzial nahekommt, ist das Geschlecht. Allerdings ist es wahrscheinlich, dass es mir als *weißer* Frau immer noch besser ergeht als einem Schwarzen Mann.[61]

Das System Rassismus – Diskriminierung aufgrund der Hautfarbe bzw. ethnischen Zugehörigkeit – ist Realität. Allerdings wirkt es nicht immer und bei jeder Person gleich, und das macht es natürlich kompliziert.

Wir haben in dem Interview mit Miriam Caballero gesehen, dass sie wenig Erfahrungen diesbezüglich gemacht hat. Das heißt aber nicht, dass Rassismus als System nicht trotzdem wirkt, denn Miriam hat z. B. andere Dinge, die sie in die Waagschale werfen kann, um nicht zum Opfer von Diskriminierung zu werden. Das ist vor allem die Tatsache, dass sie keinen tiefschwarzen Hautton

61 Sehr gute und authentische Informationen zum Thema von Alice Hasters: *Was weiße Menschen nicht über Rassismus hören wollen, aber wissen sollten.*

hat, aber auch, dass sie einen deutschen Pass und eine gesellschaftlich angesehene Position, gutes Selbstbewusstsein und noch vieles mehr besitzt.

Gloria, eine andere Schwarze Frau aus Ghana, für die ich arbeiten durfte, hatte überhaupt nicht so viel Glück. Im Gegenteil, ihr wurde in Deutschland als Kind und auch als Erwachsene massive Gewalt angetan, nur weil sie eine sehr dunkle, fast schwarze Hautfarbe hat.[62] Wenn die Hautfarbe der Grund ist, Gewalt anzuwenden, dann gibt es keinen Weg, sich zu schützen. Ähnlich verhält es sich, wie gesagt, nur mit dem Geschlecht. Auch Frauen müssen mit Gewalt rechnen, allein aufgrund der Tatsache, dass sie Frauen sind. Das ist einfach furchtbar, und auch wenn wir es nicht wahrhaben wollen, ist es trotzdem da. Und wenn wir wirkliche Verständigung haben möchten, müssen wir anerkennen, dass es dieses Diskriminierungssystem gibt.

Hierbei möchte ich noch einmal an Miriams Worte erinnern, die auf das Missverständnis hinweisen, dass a) Rassismus nicht gleich Nationalsozialismus oder Rechtsextremismus bedeutet und b) ich als Individuum nicht automatisch ein Rassist, eine Rassistin sein muss, auch wenn ich in einem rassistisch geprägten System lebe. Es ist aber durchaus wahrscheinlich, dass ich dieses System unbewusst reproduziere. Auf unserer Reise, besonders bei der Exkursion zu Miriam, haben wir diese Mechanismen gesehen.

---

62 Gloria hat andere Stärken, die sie Gott sei Dank in die Waagschale für ihr Überleben werfen konnte. Ihre beeindruckende Geschichte hat sie aufgeschrieben. Gloria Boateng: *Mein steiniger Weg zum Erfolg: Wie Lernen hilft, Hürden zu überwinden und warum Aufgeben keine Lösung ist.*

Was darf man denn noch sagen?

Ich gebe zu, es ist verwirrend, und vielleicht haben Sie den Eindruck, dass „man heutzutage gar nichts mehr sagen darf". In diesem Zusammenhang fällt oft der Begriff „Wokeness", der in der jüngeren Generation für erhöhte Wachsamkeit gegenüber Ungerechtigkeiten steht.

Wenn Sie etwas älter sind – so wie ich (Jahrgang 1976), dann kennen Sie bestimmt noch den Ausdruck „politisch korrekt". Diese Form der Sprache versuchte bereits Mitte der 1980er-Jahre, auf Diskriminierungen und Machtmonopole aufmerksam zu machen.[63]

Sie sehen also, dass nicht nur wir, sondern auch die Diskussion schon älter ist und wir einfach immer noch „nach Worten ringen", um die Ungleichheit in der Gesellschaft (auch) mit einer angepassten Sprache bewusst zu bekämpfen. Der Kampf gegen Diskriminierung kann natürlich nicht nur im Sprachgebrauch stattfinden. Nur weil ich dieses oder jenes Wort nicht mehr benutze, heißt es selbstverständlich nicht, dass das Phänomen verschwunden ist.

Aber Diskriminierung äußert sich eben auch durch *Sprache* – und das sehr wirksam! Nicht umsonst müssen Menschen, die überzeugen wollen, die richtigen Worte wählen. Worte haben Macht.

63 Die erste Erwähnung des Ausdrucks „political correctness" findet sich übrigens bereits im Jahre 1793!

Es gibt übrigens gar nicht so viel, was wir nicht mehr sagen sollten. Eigentlich fallen mir dazu nur drei Worte[64] ein: das N-Wort, das Z-Wort und das I-Wort, die Bezeichnung für indigene Völker.

Wenn wir jetzt ungehalten darauf reagieren, dass wir als *weiße* Menschen diese Wörter vermeiden sollen, dann sollten wir uns unbedingt folgende vier Fragen stellen:

1. Warum entfacht diese Bitte bei mir eigentlich so einen Unmut?
2. Was habe ***ich*** für Nachteile, wenn ich der Bitte nachkomme?
3. Was bedeutet es möglicherweise für mein Gegenüber, wenn ich ihm diese Bitte erfülle?

Und:

4. Bin ich vielleicht einfach nur zu faul?

Wenn Sie eine Frau sind, können Sie dieses Anliegen vielleicht besser verstehen. Weniger den Sprachgebrauch als das Phänomen, zu einer diskriminierten Gruppe zu gehören und für jeden kleinsten Schritt in Richtung Gleichberechtigung unfassbar lange kämpfen und diskutieren zu müssen.
Übrigens wurde 1972 auch zugunsten der Gleichberechtigung der Frauen ein Wort aus dem offiziellen Amtsdeutsch gestrichen: das Wort „Fräulein". Warum? Weil das Wort „Fräulein" eine unverheiratete Frau beschrieb, die ohne einen Mann nur eine verkleinerte Form ihrer selbst war. Keine richtige Frau, sondern nur ein Fräulein,

---

64 Natürlich auch mit den jeweilig drangehängten Worten wie „Kuss" und „Schnitzel".

dass nur durch den starken Mann zur Frau werden konnte. Ein Mann war die gesamte Zeit ein Mann. Kein Männlein.

Darüber schütteln wir heute den Kopf, obwohl es immer noch erschreckend oft selbstverständlich ist, dass die Frau zu Hause bleibt, weniger in die Rentenversicherung zahlt und sich Abhängigkeitsverhältnisse so immer noch zuungunsten der Frauen ergeben. Ich denke, ich muss an dieser Stelle nicht weiter ausführen, dass wir noch einen gewissen Weg vor uns haben und auch immer Gefahr laufen, wieder rückwärtszugehen.

Zurück zum N-Wort. Wir haben gesehen, dass sich Sprache immer wandelt. Wandel ist zwar normal, aber natürlich bringt er Ungewissheit mit. Es ist jedoch wichtig zu prüfen, ob diese Angst wirklich begründet ist (s. Frage 1) und ob ich tatsächlich Nachteile zu befürchten habe, wenn ich meine Sprache ändere (s. Frage 2). Wenn ich mir dann überlege, was die Änderung meines Sprachgebrauchs – meiner Meinung nach etwas relativ Simples – bei meinem Gegenüber an Positivem bewirken kann, dann hat sich für mich die Frage, ob ich auf das N-, Z- oder I-Wort verzichte, bereits erledigt.

Erinnern Sie sich an das Eisbergmodell, das man auch auf einen Menschen anwenden kann? Für ein besseres Verständnis?

Wenden wir dieses Modell doch mal beim Thema N- und Z Wort an:

Ich höre also – in der Spitze des Eisbergs –, dass jemand sagt, er möchte nicht, dass ich das Z-Wort sage.

Statt jetzt nur *meinen* Befindlichkeiten zu folgen und zu sagen „nein, das mache ich nicht, weil *ich* keinen Grund sehe", tauche ich ein in die Welt des anderen, und da finde ich folgende Information zum Z-Wort in seiner Geschichte:

Das Z-Wort wurde Sinti und Roma in der NS-Zeit in den Arm tätowiert, um sie für Zwangssterilisationen und medizinische Experimente zu kennzeichnen. Es sollte verhindert werden, dass sie sich als Volk vermehren und damit weiter bestehen. Sie sollten im wahrsten Sinne des Wortes „aussterben" und bis dahin aber noch für sadistische, medizinische Experimente benutzt werden.

Ich glaube, niemand von uns verspürt nach diesem Tauchgang in die Unterwasserwelt dieses Eisbergs noch das Bedürfnis, das Wort „Zigeunerschnitzel" weiterhin zu benutzen. Für mich ist es an dieser Stelle das letzte Mal, dass ich es schreibe und damit auch reproduziere. Ich finde es aber wichtig, uns dieses Wort mitsamt seiner grauenhaften Geschichte und den Kontext, in dem wir es verwenden, noch einmal ganz deutlich vor Augen zu führen.

Beim N-Wort können wir genau dasselbe machen. Wir tauchen unter die Wasseroberfläche und sehen:

Unter Verwendung des N-Wortes wurden jahrhundertelang Schwarze Menschen wie Nutztiere gehalten und missbraucht. Diese Gräueltaten kann man gar nicht alle aufzählen, und unser Reichtum, unser Wohlergehen wurden durch diese Ausbeutung ermöglicht. Damit wir jetzt ernsthaft eine Veränderung der Verhältnisse anstreben können, ist ein Verzicht auf diese Sklavenhaltersprache das Mindeste.

Wir müssen die Verhältnismäßigkeit sehen! Ich verzichte auf *ein* Wort, das ich (hoffentlich) sehr selten benutze. Dafür bewirkt dieser kleine Verzicht viel für das Wohl anderer Menschen, die Unaussprechliches erleiden mussten.

Das heißt nicht – so wie Miriam sagte –, dass ich für dieses Leid persönlich verantwortlich bin, aber ich bin dafür verantwortlich, dass es nicht weiter reproduziert und es den betroffenen Menschen erleichtert wird, aus der Opferrolle herauszukommen. Deswegen sollten wir diese Wörter nicht mehr nutzen.

Ähnliches gilt natürlich auch, wenn wir gebeten werden, die weibliche oder diverse Form eines Wortes zu verwenden. Der Unterschied ist aber – ganz wichtig! –, dass es noch in der Diskussion ist, wie wir mit diesen Worten umgehen wollen.

Ich habe mich dafür entschieden, in meinem Buch verschiedene Gendervarianten zu benutzen, weil Sprache eben Macht ist und ich, besonders als Frau, sonst einfach unsichtbar, „unter Wasser" bleibe. Es gibt dazu übrigens wissenschaftliche Untersuchungen, die die Wirksamkeit von inklusiver Sprache bestätigen.[65]

65 Nachzuhören bei Wissen weekly (2021).

Fettnäpfchen

Begegnungen zwischen Menschen und besonders Begegnungen zwischen Menschen aus unterschiedlichen Kulturen bieten eine Menge Raum für Missverständnisse und vielleicht auch Peinlichkeiten. Das lässt sich einfach nicht vermeiden.

Wenn wir uns aber mit dem Wissen über Kultur, Land, Leute und den ernsthaften Schwierigkeiten von Rassismus beschäftigt haben, dann ist der Rest wirklich kein Problem. Damit möchte ich Ihnen sagen:

Wenn Sie sich all diese Informationen, die Sie auf unserer Reise bis jetzt erfahren haben, zu Herzen nehmen[66], dann sind Sie bestens ausgerüstet für eine entspannte interkulturelle Begegnung. Es wird trotzdem das ein oder andere Fettnäpfchen auf Sie warten, aber da sollten Sie ihren deutschen Perfektionsanspruch ablegen. Der steht uns meiner Erfahrung nach doch manchmal im Weg und verhindert Kontakt entweder ganz oder er ist nicht entspannt. Mit „entspannt" meine ich, dass keine Spannungen zwischen den Beteiligten spürbar sind und ich nicht angespannt bin, weil ich befürchte, irgendetwas falsch zu machen.

Entspannt ist, mit mir im Reinen zu sein, meinem Gegenüber Offenheit zu signalisieren und Fettnäpfchen oder Missverständnisse als Lern- und Lachgeschichten anzunehmen.

66 Hauptsächlich mit dem Herzen – Sie müssen sie nicht alle auswendig wissen!

Hier zwei Beispiele aus meiner Erfahrung:

Vor meiner Selbstständigkeit besuchte ich ein Anti-Bias-Training (Schulung zum bewussten Wahrnehmen von Vorurteilen). Ich hatte eine Sitznachbarin, die einen langen spanischen und, wie ich fand, wunderschönen Namen hatte. Ich sagte ihr, dass ich ihren Namen so schön fände. Anstatt aber, wie ich erwartet hatte, damit ein Lächeln auf ihr Gesicht zu zaubern, verfinsterte sich ihre Miene sofort, und sie erwiderte, dass sie mit diesem Namen nur Ärger habe. Niemand könne ihn aussprechen, und weil er so lang sei, dauerte es auch immer ewig, bis sie ihn z. B. bei Ämtern buchstabiert hätte. Ich saß also mitten in einem Fettnäpfchen, obwohl ich nur die besten Absichten gehabt hatte, und war dementsprechend gekränkt. Ich habe dann aber versucht, mich in ihre Lage zu versetzen, und konnte schon nachvollziehen, dass dieser Name von vielen bestimmt nicht nur als schön wahrgenommen wird, sondern in erster Linie als fremd und anstrengend. Dann erzählte ich ihr jedoch, welche Assoziationen ihr Name bei *mir* hervorgerufen hatte, nämlich meine Verbundenheit mit Lateinamerika und meine Liebe zur spanischen Sprache. Das konnte sie natürlich im ersten Moment nicht wissen (Eisberg!). Als sie aber meine Verbindung zu ihrer Heimatkultur sah, war sie mehr als versöhnt, und wir hatten beide etwas gelernt.

Missverständnisse können aber auch sehr lustig sein, umso mehr, wenn auch noch eine fremde Sprache dazukommt. An die folgende Situation denke ich immer wieder gerne zurück:

Ich war 21 Jahre alt und zu Besuch bei meinem damaligen Freund in den USA. Seine Mutter und ich verstanden uns gut und hatten einen Ausflug unternommen. Jetzt saßen wir zusammen im Auto auf dem Weg zurück. Ich wusste, dass sie noch Eier kaufen wollte, und fragte sie:

„What about your eggs?" (Was ist mit deinen Eiern?)

Sie antwortete:
„Oh, it didn't work very well and turned out, we were not good for each other."
(Es hat nicht funktioniert, und wir waren auch nicht gut füreinander.)
Ich: ???
Sie: ???

Ich: „No, I meant your eggs!" (Nein, ich meinte deine Eier! Diesmal betonte ich das Wort besonders deutlich.)

Sie (lauthals lachend): „Oh, I understood ‚your ex'"! (Ich habe verstanden, dein Ex! Also, Ex-Mann.)

Großes Gegacker den gesamten Nachhauseweg, auf dem wir dann noch Eier gekauft haben, weil ich sie so nett daran erinnert hatte.

Also, mit ein bisschen Mut zur Lücke kann man besonders in interkulturellen Begegnungen auch viel Spaß haben. Nicht umsonst gibt es in Deutschland ganz viele Culture-Clash-Serien und Filme wie z. B. *Türkisch für Anfänger*, was ich damals sehr geliebt habe.

Mehr Entspannung und mehr Spaß, bitte! Ansonsten gilt: Hinfallen, aufstehen, Krone richten, weiter.

Kultursensible Kommunikation

Selbstverständlich gibt es beim Tappen in Fettnäpfchen qualitative Unterschiede. Wenn ich beispielsweise bei einer Schwarzen Frau annehme, sie sei die Putzkraft, sie in Wahrheit aber die wissenschaftliche Mitarbeiterin des Uni-Instituts ist, dann ist das viel mehr eine Lerngeschichte für mich als eine Lachgeschichte. Schon gar nicht für die Schwarze Person, die solche „Fettnäpfchen" von *weißen* Menschen dauernd ertragen muss.

Deswegen schreibe ich zum Abschluss noch einmal über kultursensible Kommunikation. Ich finde den Begriff „kultursensibel" sehr angenehm, weil er weicher ist und in ihm die Vorsicht und Umsicht mitschwingt, mit der wir uns begegnen sollten, ohne dabei die Freude zu verlieren oder vor lauter Angst den Kontakt zu meiden.

Kultursensibel zu sprechen, bedeutet, dass ich offen – sensibel – für alle Dinge bin, die in dieser besonderen Form der Kommunikation eine Rolle spielen (könnten). Ich bin offen für diese Informationen und sammle sie auch selbstständig. Ganz wichtig dabei ist, Dinge zu hinterfragen, denn wenn ich das nicht tue und einfach das für richtig halte, was ich schon immer so gemacht und gedacht habe, dann begebe ich mich in die größte aller Gefahren: die Ignoranz.

Sie erinnern sich, dass Yuval, unser jüdischer Professor, das in dem fulminanten Interview gesagt hat?

Ein Beispiel, auf das ich – genau wie Yuval – bei meiner Buchrecherche immer wieder gestoßen bin, ist das Thema Israelkritik. Oft sehen Diskussionen zu dem Thema so aus, dass jemand den Satz beginnt mit: „Ich bin kein Antisemit, aber was Israel da macht …". Dieser Satz funktioniert nicht, wenn ich kultursensibel kommunizieren möchte.

Zunächst muss ich mich, wie wir bei Yuval gelernt haben, informieren, bevor ich meine Kritik äußere. Dazu muss ich sehr weit in die Geschichte zurückgehen, sehr weit eintauchen in die jüdische Welt, um zu verstehen, warum die politische Lage gegenwärtig so ist, wie sie ist. Nicht zuletzt ist unsere eigene deutsche Geschichte der Grund dafür, weshalb es Israel überhaupt gibt. Ich muss mir aber genauso die Geschichte des palästinensischen Volkes ansehen, und erst dann kann ich in eine Diskussion einsteigen, allerdings nicht *wissend*, sondern *fragend*. Denn auch wenn ich mich informiert habe, heißt das nicht, dass ich jetzt, wie man so schön sagt, der Weisheit letzten Schluss besitze.

Wenn Ihnen das zu anstrengend ist – was ich gut verstehen kann –, dann fragen Sie einfach jemanden, der sich damit auskennt. Fragen, statt glauben zu wissen, ist am Anfang, wie ich finde, immer eine gute Idee.

Zurück zum Beispiel Israelkritik. Ich finde, man darf Israel kritisieren. Es ist ein Land wie jedes andere auf der Welt. Aber: Wir müssen genau darauf achten, wie diese Kritik aussieht! Werden gefährliche antisemitische Klischees reproduziert? Wer kritisiert hier? In welchem Ausmaß findet diese Kritik statt? Und diese Kritik darf keinesfalls bedeuten, dass sie das Existenzrecht Israels infrage stellt.

Zugegeben, wir müssen einiges beachten, wenn wir kultursensibel kommunizieren wollen. Uns informieren, uns der eigenen Prägung bewusst sein und geduldig in andere Lebenswelten eintauchen und bereit sein, unser Handeln und unsere Überzeugungen immer wieder anzupassen.

Aber: Es lohnt sich! Für uns alle. Für unser neues, positives Bild von uns und unserem Land der vielen Kulturen! Wenn ich jemandem positiv begegne, dann erhalte ich das in den allermeisten Fällen auch zurück.

Und damit Sie nochmal alles auf einen Blick haben, was Sie dafür benötigen, gibt es jetzt einen 10-Punkte-Fahrplan von mir für zukünftig entspannte Reisebegegnungen mit Menschen aus anderen Kulturen.

5.3 10 Tipps für eine entspannte Begegnung mit Menschen aus unterschiedlichen Kulturen

Die folgenden Tipps gelten natürlich nur für den Fall, dass Sie noch nicht oder nicht immer entspannt sind in Begegnungen mit Menschen aus anderen Kulturen. Achten Sie bitte genauso darauf, welche interkulturellen Kontakte Sie schon hatten und haben, die bereits entspannt sind, und freuen Sie sich darüber. Es sind höchstwahrscheinlich mehr, als Sie denken.

Andere Kulturen können ja auch einfach – wie ich bei Wissen über Kultur geschrieben habe – andere Lebenswelten sein, die nicht in erster Linie etwas mit Kultur im Sinne von Nationalität zu tun haben.

Die Tipps erleichtern genauso den Umgang mit Menschen, deren Kultur sie vielleicht teilen, mit denen es aber trotzdem zu Unstimmigkeiten kommen kann.

Also, los geht's zum Endspurt. Folgendes sollten Sie beachten, wenn Sie entspannt am Reiseziel, unserem neuen Bild, ankommen wollen:

1. Atmen!

Das klingt im ersten Moment vielleicht etwas seltsam, aber Atmen bzw. bewusstes Atmen gehört bei jeder Entspannungspraxis dazu.

Wenn Sie merken, dass in einer Begegnung in Ihnen ein Stressgefühl aufsteigt, Sie genervt sind oder Angst haben: erst mal atmen.

Einatmen, bis vier zählen, ausatmen, bis sechs zählen. Ich zähle oft nur bis vier, was auch völlig okay ist – Hauptsache, Sie atmen bewusst.

Dieser wirklich nur kurze Moment, in dem wir uns die Zeit nehmen, ein wenig Abstand zwischen uns und unsere Gefühle zu bringen, fährt uns außerordentlich effektiv runter und macht den Blick frei für eine kultursensible Kommunikation.

Bauen Sie diese (Atem-)Pausen bei Bedarf immer wieder in die Kommunikation ein.

In vielen asiatischen Kulturen haben Pausen eine große Bedeutung und werden ausgiebig praktiziert. Sie dienen der harmonischen Verständigung zwischen den Beteiligten. Die Pause wird nämlich dazu genutzt, um über das, was mein Gegenüber gesagt hat, nachzudenken. Dann kann ich wohlüberlegt antworten, und niemand läuft Gefahr, durch einen Konflikt sein Gesicht zu verlieren.

In unserer Kultur sind Gesprächspausen zwar etwas sehr Unangenehmes, und wir versuchen sie, wenn möglich, zu vermeiden. Trotzdem kennen wir auch in unserem Sprachgebrauch die Vorteile der behutsamen Kommunikation: „Erst denken, dann reden." Hier können wir also zum einen von asiatischen Kulturen lernen und zum anderen unser eigenes Kulturgut wieder etwas auffrischen.

2. Alles darf sein!

Oder: „Bitte nicht werten!" Dieser Satz ist fester Bestandteil meiner Seminare, wie ich im Interview mit Miriam schon erzählt habe. Er ist als Mantra entweder nach oder während des Atmens unschätzbar wertvoll.

Vielleicht denken Sie jetzt, dass es etwas viel verlangt ist, wenn jemand Sie anschreit, erst zu atmen und dann zu denken, dass alles sein darf.

Ich rede hier aber nicht in erster Linie von akuten Konfliktfällen, in denen die Emotionen schon hochgekocht sind, auch wenn diese Tipps dann besonders beachtet werden sollten.

Ich rede an dieser Stelle von kleinen Begegnungen, die aber trotzdem schon Spannungspotenzial in sich tragen, wenn z. B. jemand (immer) zu spät dran ist, Ihnen zu nahe kommt oder vielleicht auch nur zu laut oder zu leise spricht. Oder wenn eine Person bereits durch ihr Äußeres bei Ihnen Vorbehalte hervorruft: zu groß, zu klein, dick, dünn, dunkel …

Es ist unheimlich wichtig, dass wir unsere Vorurteile, unsere negativen Bewertungen von fremdem Verhalten und die Auswirkungen auf unsere Emotionen wahrnehmen! Das tun wir, in dem wir eben „nicht werten“ und stattdessen sagen: „Alles darf sein.“ Immer natürlich unter der Bedingung, dass keine Gewalt und keine Diskriminierung stattfindet. In den meisten Fällen handelt es sich im interkulturellen Kontakt aber um Missverständnisse oder Falschannahmen, die sich nach einem „Blick unter die Wasseroberfläche“ aufklären lassen.

Deswegen noch mal: 1. Atmen – 2. Alles darf sein.

3. Jedes Verhalten hat einen Sinn!

Jeder Mensch hat einen Grund, weshalb er sich so verhält, wie er es tut. Ja, wirklich *jedes* Verhalten hat einen Sinn und kann mit der Lebens- und Erfahrungswelt des Menschen erklärt werden.

Um ganz extrem zu sprechen: Auch der brutalste Mörder hat einen Grund für sein Verhalten. Das heißt wiederum nicht, dass wir alles tolerieren müssen, auch das habe ich bereits erläutert. Außerdem haben wir im Normalfall persönlich kaum mit Extremfällen wie Mörder*innen oder anderen Straftäter*innen zu tun und sind dementsprechend nicht herausgefordert.

Es reichen auch hier – wie bei „alles darf sein" – die kleinen Begegnungen mit ihren Herausforderungen.

Jedes Verhalten hat einen Sinn, und den erkennen wir, wenn wir wieder in die Lebenswelt, in die Welt des Eisbergs unter Wasser tauchen. In jedem Menschen ist die Antwort auf die Frage nach seinem Verhalten. Wir müssen uns nur die Zeit nehmen, danach zu suchen.

Stellen Sie sich einfach vor, wie Sie sich an der Stelle Ihres Gegenübers fühlen würden. Ein klassischer Perspektivwechsel hilft hier schnell und effektiv.

Das „kostet" zwar auf den ersten Blick Zeit – ich weiß, besonders in Deutschland schwierig –, aber die Alternative wäre ein, vielleicht sogar dauerhafter Konflikt, und der kostet letztendlich noch viel mehr. Nicht nur Zeit, sondern auch Nerven, d. h. psychische und körperliche Gesundheit, denn Konflikte produzieren Stress, und Stress macht krank – so einfach ist das.

Also: Kein (Bewertungs-)Stress, jedes Verhalten hat einen Sinn!

4. Was ist möglich?

Wenn Sie es bis hier geschafft haben, dann sind sie auf der „ersten Base", auf der ersten sicheren Plattform, von der aus Sie sich in Ruhe überlegen können, wie sie weiter vorgehen.

Was ist jetzt möglich? Wie kann ich die Situation lösen?

Dazu müssen Sie in *Möglichkeiten* denken und nicht in Befürchtungen oder Problemen. Das ist, wie gesagt, in unserer Kultur (noch eher) unüblich. Zu groß ist die Angst vor Fehlern und die daraus entstandene Lust am Problem-Watching.

Hier hilft ein Blick in die USA. Dort sind Fehler nicht nur normal, sondern hilfreich, weil man aus ihnen lernen kann. Fehler sind ein notwendiger Bestandteil von Lernprozessen, etwas, mithilfe dessen man sich weiterentwickeln kann, und kein „Worst-Case-Szenario". Ich sprach bereits darüber, und Sie merken vielleicht, wie emotional dieses Thema für mich ist, denn ich denke, dass wir uns gerade mit dieser Einstellung so viel Entwicklungspotenzial kaputt machen.

Also: Was kann ich jetzt Sinnvolles tun? Was ist möglich?

5. Ausprobieren!

Logischer nächster Schritt ist natürlich, dass Sie das, was Sie sich auf der ersten Base ausgedacht haben, jetzt auch ausprobieren. Hier gibt es zwei Möglichkeiten: Es klappt. Oder es klappt eben nicht.

Auch hier gilt: Hinfallen, aufstehen, Krone richten, zurück zu Tipp 4, neue Möglichkeit ausdenken und dann wieder ausprobieren, so lange, bis es klappt.

Sinnvoll wäre es, sich die erfolgreiche Strategie oder Möglichkeit zu merken, um sie dann reibungslos beim nächsten Mal anzuwenden. Allerdings kann es leider sein, dass die eine Strategie nicht immer hilft – wir haben es ja auch immer mit unterschiedlichen Menschen und Situationen zu tun.

Beispiel:

Ich gebe immer mal den Tipp, statt der Frage „Woher kommst du?“ aus bereits diskutierten Gründen lieber die Frage zu stellen: „Wie viele Sprachen sprichst du?“

Ich finde, damit kann ich einerseits meine Neugierde befriedigen, und andererseits vermittle ich meinem Gegenüber eher das Gefühl von Kompetenz – er oder sie spricht ja wahrscheinlich mehrere Sprachen.

Klappt aber auch nicht immer, denn die Antwort kann durchaus „nur Deutsch“ oder „Deutsch und Englisch“ sein, was dann ja auch viel Raum für Spekulation offenlässt.

Ich habe es auch schon erlebt, dass Menschen „Deutsch und ein bisschen Englisch“ antworten und dabei völlig vergessen, dass sie ja auch noch Türkisch sprechen. Daran kann man sehen, wie wenig Wertschätzung oft dieser Sprache und dieser Kultur hierzulande entgegengebracht wird.

Also: Ausprobieren! Wenn's nicht klappt: Was anderes ausprobieren, so lange, bis es klappt. Zwischendurch Pause machen, wenn zu viel *nicht* klappt.

6. Aus Fehlern lernen!

Siehe Tipp 4, aber man kann es nicht genug betonen, wie ich finde! Nur allzu oft packen wir Dinge nicht an oder vermeiden Kontakt mit Menschen aus Angst, Fehler zu machen. Das ist doch tragisch!

Überlegen Sie mal, wie entspannt unser Leben sein könnte, wenn wir uns Fehler erlauben und sie als sinnvolle Lerneinheit betrachten! Stellen Sie sich das bitte einmal kurz vor: ein Leben, in dem ich Fehler machen darf, weil sie produktiv sind. Wundervoll, oder? Eines der praktischsten Dinge, die wir aus anderen Kulturen lernen können, um uns nicht nur den interkulturellen Kontakt, sondern gleich das ganze Leben zu erleichtern!

7. Spaß haben!

Immer wenn ich Menschen begegne – egal, aus welcher Kultur – überlege ich: Wie können wir hier Spaß haben?

Denn Spaß haben und Lachen entspannen kolossal! Nicht umsonst gibt es Lachyoga, und die positive Wirkung, wenn man einfach nur lächelt, ist ebenso erwiesen.

Aus pädagogischer Sicht weiß ich, dass wir am besten lernen, wenn wir eine positive Emotion mit dem Gelernten verknüpfen. Deswegen ist es mir in meinen Seminaren auch so wichtig, dass der Spaß nicht zu kurz kommt.

Sie kennen das bestimmt auch, dass die Arbeit mit Menschen, mit denen man lachen kann, viel leichter von der Hand geht.

Wenn ich z. B. mit Menschen aus Westafrika zu tun habe, sind die positive Stimmung und der Spaß an der Sache in den meisten Fällen schon vorprogrammiert. Allein schon das Lachen dieser Menschen verursacht bei mir sofort beste Laune. Hier sollten wir unbedingt von der westafrikanischen Kultur lernen, denn bei uns gerät ein humorvoller Mensch leicht in den Verdacht, inkompetent oder unseriös zu sein. Allerdings ist das Gegenteil der Fall, denn mit Humor kommt Entspannung und damit Leistungsfähigkeit und Flow …

Deswegen: Lächeln, lachen, miteinander Spaß haben!

8. Bereichern, ohne zu stehlen!

Sich mit anderen Kulturen zu beschäftigen ist für mich wie eine Schatzsuche. Dinge, die ich nicht wusste, tauchen plötzlich auf und bereichern mein Denken und mein Leben ungemein. Dazu gehören natürlich auch ganz praktische Dinge wie Essen, Musik, Mode oder Bräuche aus anderen Kulturen, die ich hier in meinem Zuhause in Hamburg oft direkt vor der Tür habe oder die ich auf meinen Reisen kennenlernen durfte. Dadurch fühle ich mich sehr bereichert, und ich versuche, durch meine Wertschätzung diese Bereicherung zurückzugeben.

Es besteht allerdings auch immer die Gefahr, dass wir denken, es wäre eine gegenseitige Bereicherung, aber die Menschen aus der anderen Kultur empfinden das Ganze als Diebstahl. Das nennt man dann „kulturelle Aneignung“[67].

Es ist sehr schwierig, im Einzelfall sicher zu definieren, wann es sich um eine kulturelle Aneignung handelt. An dieser Stelle zitiere ich für eine möglichst neutrale Definition *Wikipedia*:

> Als **Kulturelle Aneignung** (englisch *cultural appropriation*) wird die Übernahme von Ausdrucksformen oder Artefakten, Geschichte und Wissensformen von Trägern einer anderen Kultur oder Identität bezeichnet.

67 Auf Englisch: cultural appropriation.

> In einem engeren Sinn wird als „kulturelle Aneignung“ angesehen, wenn Träger einer „dominanteren Kultur“ Kulturelemente einer „Minderheitskultur“ übernehmen und sie „ohne Genehmigung, Anerkennung oder Entschädigung“ in einen anderen Kontext stellen.[1] Die ethische Dimension kultureller Aneignung wird in der Regel nur dann thematisiert, wenn die übernommenen Kulturelemente einer Minderheit angehören, die als sozial, politisch, wirtschaftlich oder militärisch benachteiligt gilt.[2][3][4] Kulturelle Aneignung müsse gemäß dieser Definition von „kulturellem Austausch“ abgegrenzt werden: Bei kultureller Aneignung würden die übernommenen Bestandteile kultureller Identität zur Ware gemacht und damit trivialisiert. Zudem würden die angeeigneten Kulturelemente oftmals falsch oder verzerrt reproduziert, was zur Förderung von Stereotypen führen könne. Kultureller Austausch dagegen basiere auf Wertschätzung und Respekt und finde meist im Rahmen eines gegenseitigen Kennenlernens der Träger der unterschiedlichen Kulturen statt.[4]

Ich finde in diesem Artikel drei Aspekte sehr anschaulich, wenn wir verstehen wollen, was Kulturdiebstahl ist und überprüfen wollen, ob er gerade stattfindet:

1. Bestandteile einer kulturellen Identität werden zur Ware gemacht.

Das bedeutet, aus einer Kultur wird etwas verkauft. Das muss nicht zwangsläufig kulturelle Aneignung bedeuten, aber in vielen Fällen ist es so, nämlich dann, wenn ungleiche Machtverhältnisse existieren zwischen der Kultur, die verkauft (oder in vielen Fällen aus wirtschaftlichen Gründen verkaufen muss!), und der Kultur, die kauft.

2. Die verkauften Bestandteile werden durch den Verkauf trivialisiert, das heißt, banalisiert, entwertet. Auch das ist nicht immer, aber oft genug der Fall, wenn wir uns z. B. rituelle Gegenstände als Souvenirs kaufen, die dann nur als hübsche Deko in unseren Wohnungen stehen.

3. Die angeeigneten Kulturelemente werden falsch oder verzerrt reproduziert und sorgen damit für die Verstärkung von Stereotypen, vereinfachten Bildern, die nicht der Wahrheit, Komplexität oder Ursprünglichkeit der Kultur entsprechen.

Beispiel:

Karnevalsverkleidung als „Afrikaner" mit schwarz bemaltem Gesicht und Afroperücke, das sogenannte Blackfacing.

Die Bestandteile Aussehen und Frisur werden aus der „afroculture" herausgenommen, angeeignet (*weiße* Menschen bemalen ihre Gesichter schwarz, um wie Schwarze Menschen auszusehen), verkauft (als Karnevalsperücke), und zu trivialisiert und stereotypisiert brauche ich wohl im Karnevalszusammenhang nichts mehr zu sagen.

Auch hier wieder:

Was als verletzend empfunden wird, bestimmt an erster Stelle die verletzte Person. Es gibt viele Beispiele, in denen noch Unklarheit herrscht, was kulturelle Aneignung ist. Sinnvoll ist es, Expert*innen zu Wort kommen zu lassen. Das habe ich versucht, indem ich mit Miriam gesprochen habe und ausdrücklich sage, dass ich keine Rassismusexpertin oder Expertin für kulturelle Aneignung bin. Ich finde es aber wichtig, dass dieses Thema in unserem 10-Punkte-Reiseplan vorkommt, und ich habe mich nach bestem Wissen und Gewissen bemüht, dieses Phänomen anschaulich und reflektiert anzusprechen.

Eines sollte klar sein:

Wir müssen auf Augenhöhe miteinander umgehen, und damit meine ich eine Augenhöhe, die alle Beteiligten als solche empfinden.

Das heißt, wenn eine Partei in der Diskussion sich nicht als gleichberechtigt empfindet, müssen wir uns damit beschäftigen, hinterfragen und im günstigsten Fall so lange darüber diskutieren, bis wir einen Konsens, d. h. eine Einigung, erreicht haben, die von allen getragen wird.

Die Art der Kommunikation brauchen wir uns übrigens nirgendwo abzugucken, denn sie ist typisch deutsch und im Ausland hoch angesehen – das haben wir ja schriftlich in der Studie der GIZ am Anfang dieses Kapitels. Deswegen lautet der Name meiner Firma wohl auch *Kulturkonsens* – ich bin eben in einigen Bereichen offensichtlich typisch deutsch.

Also: Bereichern ja, stehlen nein, und jemanden, der sich bestohlen fühlt, ernst nehmen!

9. Andere inspirieren!

Tue Gutes und sprich darüber. Wenn jemand Ihnen pauschal etwas Negatives über fremde Kulturen erzählt, erzählen Sie etwas Gutes. Halten Sie dagegen, denn es ist so wichtig, dass wir das Positive sehen. Auch das habe ich in diesem Buch bereits mehrfach betont und tue es jetzt zum Endspurt noch einmal, weil es so wichtig ist! Gehen Sie im Umgang mit Menschen aus anderen Kulturen mit gutem Beispiel voran und lassen Sie andere sich bei Ihnen anstecken.

Diese positive Energie bereichert mein Leben ungemein, und ich wünsche mir diese Inspiration für ganz viele Menschen.

Also: Lassen Sie uns zusammen eine Inspiration, ein Vorbild für einen guten Umgang miteinander sein!

10. Neugierig bleiben!

Der Schatz, den es zu entdecken gibt, wenn wir uns mit Menschen aus anderen Kulturen beschäftigen, ist unendlich groß.

Wir können aus dem Vollen schöpfen, wenn wir nur hinschauen und neugierig bleiben.

Reisen Sie weiter, denn Sie wissen jetzt ja aus eigener Erfahrung:

Reisen geht auch vor Ort, und Sie brauchen dazu nicht zwangsläufig ein volles Konto und viel Urlaub – Sie brauchen vielmehr einen offenen Geist, und den haben Sie, denn Sie haben sich auf diese Reise mit mir in meinem Buch eingelassen. Dafür danke ich Ihnen sehr, und ich hoffe, ich habe mein Versprechen vom Anfang erfüllt:

Am Ende unserer Reise kennen Sie sich nicht nur selbst besser, Sie wissen außerdem, wie Sie entspannt mit sich und Menschen aus anderen Kulturen umgehen können. So malen wir mit den vielen Farben in unserem Land ein neues, hoffnungsvolles, buntes Bild.

Zum Schluss eine wichtige Durchsage Ihrer Reiseleitung

Bitte sprechen Sie miteinander!

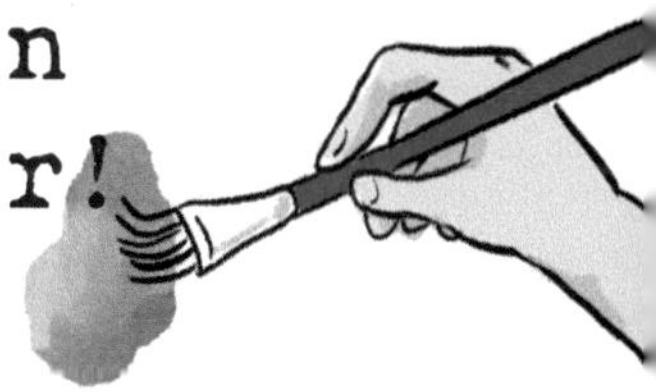

Wir müssen miteinander sprechen.

Egal, ob Einheimisch mit Mehrheimisch, Ost mit West, Konservativ mit Liberal, Alt mit Jung, Männlich, Weiblich oder Divers, Gläubig, Anders- oder Nichtgläubig …

Egal, aus welcher Kultur wir kommen.

Auch wenn wir an Grenzen stoßen, lassen Sie uns diese Grenzen so weit wie möglich setzen, damit wir Raum haben. Viel Raum zur Verständigung. Das ist zu guter Letzt wichtig für uns alle auf unserer nächsten Reise in eine gemeinsame, entspannte Zukunft!

1933 - 1945
Heute
Zukunft

Danke

Der Wind unter meinen Flügeln waren und sind:

Licy, sie hatte die Idee.
Monica, sie fand mein Warum.
Bettina, sie hat mit mir das Gerüst gebaut.
Isabelle, sie hat mich korrigiert.
Christoph, er gab mir Inspiration für das neue Bild.
Diana, sie hat die Karte von Deutschland neu gemalt.
Désirée, sie brachte alles in Form.
Birk, er ist stolz auf mich.
Frank, er reist mit mir, wohin ich auch möchte.

Und so viele andere im Dies- und Jenseits, deren Energie ich spüre und für die ich unendlich dankbar bin.

Alles Liebe, an uns alle.
Johanna

Literaturhinweise

Aphorismen.de (n. d.): *Afrikanisches Sprichwort.* Zitat. https://www.aphorismen.de/zitat/111019

Boateng, Gloria (2019): *Mein steiniger Weg zum Erfolg: Wie Lernen hilft, Hürden zu überwinden und warum Aufgeben keine Lösung ist.* 2. Auflage. Smm Leichte Sprache Verlag.

Der Bundespräsident (1989). *40 Jahre Grundgesetz der Bundesrepublik Deutschland – Rede von Bundespräsident Richard von Weizsäcker bei einem Staatsakt in der Beethovenhalle in Bonn.* https://www.bundespraesident.de/SharedDocs/Reden/DE/Richard-von-Weizsaecker/Reden/1989/05/19890524_Rede.html, letzter Zugriff: 17.05.2023.

Doerfer, Achim (2021). *„Jemand musste die Täter ja bestrafen." Die Rache der Juden, das Versagen der deutschen Justiz nach 1945 und das Märchen deutsch-jüdischer Versöhnung.* Kiepenheuer & Witsch.

Gesellschaft für Internationale Zusammenarbeit (GIZ) (2018). *Deutschland in den Augen der Welt. Ergebnisse der GIZ-Erhebung 2017/2018.* 3. Studie. https://www.giz.de/de/downloads/Deutschland-in-den-Augen-der-Welt-GIZ-Erhebung-2017-2018.pdf, letzter Zugriff: 17.05.2023.

Haffner, Sebastian (1981). *Anmerkungen zu Hitler*. Fischer.

Hasters, Alice (2021). *Was weiße Menschen nicht über Rassismus hören wollen, aber wissen sollten.* 2. Auflage. Hanserblau.

Hawes, James (2018). *Die kürzeste Geschichte Deutschlands.* Ullstein.

Meibom, Barbara von (2013). *Deutschlands Chance: Mit dem Schatten versöhnen.* Europa Verlag.

Passport Index (2023). *Globaler Reisepass Rang.* https://www.passport-index.org/de/byRank.php, letzter Zugriff: 17.05.2023.

Schroll-Machl, Sylvia (2016). *Die Deutschen – Wir Deutsche. Fremdwahrnehmung und Selbstsicht im Berufsleben.* 5. Auflage. Vandenhoeck + Ruprecht.

Senfft, Alexander (2019). *Schweigen tut weh.* List-Taschenbuch.

Snyder, Timothy (2022). *Bloodlands. Europa zwischen Hitler und Stalin.* 7., aktualisierte Ausgabe. Dtv.

Speit, Andreas (2021). *Rechtsextreme im Verhandlungssaal.* Taz vom 21. Oktober 2021. https://taz.de/Prozess-gegen-fruehere-KZ-Sekretaerin/!5809929/, letzter Zugriff: 17.05.2023.

Ver.di – Vereinte Dienstleistungsgesellschaft (n. d.). *Rechtspopulismus.* [Präsentation] Frauen in ver.di. https://frauen.verdi.de/service/material/veranstaltungskonzepte-frauen-gegen-rechts, letzter Zugriff: 17.05.2023.

Wagener, Volker (2022). *80 Jahre Wannseekonferenz: Die perfide Planung des Massenmords.* Deutsche Welle. Aktualisierte Fassung. https://www.dw.com/de/80-jahre-wannseekonferenz-die-perfide-planung-des-massenmords/a-37178972, letzter Zugriff: 17.05.2023.

Welzer, Harald, Moller, Sabine & Tschuggnall, Karoline (2002). *Opa war kein Nazi – Nationalsozialismus und Holocaust im Familiengedächtnis.* Fischer.

Wikipedia (2022a). *Gaskammern und Krematorien der Konzentrationslager Auschwitz.* https://de.wikipedia.org/wiki/Gaskammern_und_Krematorien_der_Konzentrationslager_Auschwitz#Verbrennungsgruben, letzter Zugriff: 04.05.2023.

Wikipedia (2022b). *Hawala.* https://de.wikipedia.org/wiki/Hawala, letzter Zugriff: 17.05.2023.

Wikipedia (2023). *Stolz.* https://de.wikipedia.org/wiki/Stolz, letzter Zugriff: 17.05.2023.

Wissen Weekly (2021). *Sprache: Was bringt Gendern wirklich?* [Podcast] Spotify Original. https://open.spotify.com/episode/1HLlOEnWeoUxJ0cwl2f1YV?go=1&sp_cid=c4b6991c592fea512673f4e22f233b8f&utm_source=embed_player_p&utm_medium=desktop&nd=1, letzter Zugriff: 17.05.2023.

World Values Survey (2023). *WVS Cultural Map: 2023 Version Released.* https://www.worldvaluessurvey.org/WVSNewsShow.jsp?ID=467, letzter Zugriff: 17.05.2023.

ZDF (2022). *Das Öffentliche-Güter-Spiel.* MaiThink X – Die Show. https://www.zdf.de/show/mai-think-x-die-show/gueterspiel-100.html, letzter Zugriff: 17.05.2023.

Zehnpfennig, Barbara (2015). *Hitlers "Mein Kampf" – ein unterschätztes Buch.* Herausgegeben von der Bundeszentrale für politische Bildung (bpb). https://www.bpb.de/themen/rechtsextremismus/dossier-rechtsextremismus/216612/hitlers-mein-kampf-ein-unterschaetztes-buch/, letzter Zugriff: 17.05.2023.

Wenn du schnell vorwärts kommen willst, geh alleine.
Wenn du weit kommen willst, geh mit Freunden.

Sprichwort aus Afrika

Über die Autorin

Johanna Grünhagen wurde 1976 in Hamburg geboren. Sie studierte Pädagogik, Psychologie und Soziologie. Während ihrer Auslandspraktika in Guatemala und Nicaragua entwickelte sie ihre Begeisterung für fremde Kulturen und arbeitet seit 2009 als selbstständige Dozentin für interkulturelle Kompetenz. Sie schult Mitarbeitende in den Bereichen Pflege, Sicherheit, Integration sowie Diversity Management und veröffentlicht dazu Fachartikel. Dies ist ihr erstes autobiografisches Sachbuch. Die Autorin lebt in Hamburg.